KB234221

4컷 Cartoon 한국어

의성어 · 의태어

이경은, 최희정 공저

한글파크

의성어와 의태어는 사람 또는 사물의 소리나 모양을 흉내낸 말이다. 외국인 학습자들은 의성어와 의태어를 학습함으로써 한국어 표현 능력이 더 풍부해질 수 있다. 그렇지만 외국인 학습자들이 한국어를 배울 때 어려워하는 것 중의 하나가 바로 의성어와 의태어이다. 이 책은 그러한 학습자들이 더 쉽게 의성어와 의태어에 접근할 수 있도록 하기 위해 만들어졌다. 이 책의 목적은 외국인 학습자들이 한국어의 특징 중 하나인 다양한 의성어와 의태어를 재미있게 공부함으로써 한국어 학습에 대한 흥미를 갖게 하는 것이다.

이 책에서 가장 중점적으로 활용한 것은 바로 만화이다. 의성어와 의태어는 인물의 행동이나 얼굴 표정, 사물의 움직임이나 모양 등과 관계된 어휘가 대부분이다. 따라서 만화는 의성어와 의태어의 교육을 위한 자료로서 매우 유용하다. 만화는 한국어가 능숙하지 않은 외국인 학습자라도 그림을 통해 어휘의 의미를 유추할 수 있기 때문에 어휘 교육뿐만 아니라 한국 문화에 대한 교육까지 가능할 것으로 생각한다.

대부분의 한국어 교육 과정에서는 의성어와 의태어를 중급 이상의 단계에서 제시하고 있지만, 만화를 활용하여 제시한다면 초급 단계에서부터 학습이 가능하다. 이 책은 한국어의 의성어와 의태어에 관심이 있는 초 · 중급 단계의 학습자들이 혼자서 재미있게 볼 수 있는 책이다. 외국인 학습자들이 한국어의 의성어와 의태어를 활용하여 더 다양하고 풍부한 표현능력을 기를 수 있도록 이 책이 도움을 주었으면 한다.

마지막으로 한양대학교 대학원 석사 과정 시절부터 한국어 교사로 성장할 수 있도록 이끌어 주신 이영숙 교수님과 이유미 교수님께 감사드리며, 이 책이 출판되기까지 여러모로 신경을 써 주신 랭기지플러스(한글파크)에 진심으로 감사의 말씀을 전하고 싶다.

2011년
저자 일동

이 책에서는 의성어와 의태어 95개를 의미별로 분류하였다. 먼저 사람, 사물, 자연, 동물이라는 큰 주제로 나누었는데, 사람의 경우는 동작과 심리 상태 등에 따라 다시 작은 주제로 나누었다. 각 주제가 끝날 때마다 연습문제가 있어서 학습자 스스로 이해한 내용을 다시 확인해 볼 수 있다.

네 컷의 만화를 통해 의성어와 의태어가 쓰이는 상황을 확인할 수 있다. 만화의 내용은 한 가족과 그들의 주변에서 일어나는 다양한 상황들을 그렸다.

의성어와 의태어의 뜻을 설명하였다.

어휘를 실제로 활용할 때의 형태를 보여 주고 그 형태들의 품사도 표시하였다.

페이지의 구성은 아래와 같이 목표 의성어·의태어를 왼쪽 페이지 상단에 제시하였고, 그 아래쪽에 네 컷의 만화가 표현된다. 오른쪽에는 의성어·의태어의 의미, 활용 형태, 그리고 다양한 예문을 보여준다.

'어휘와 표현'은 영어, 일본어, 중국어로 번역되어 있다. 마지막으로 오른쪽 하단의 돋보기에서는 목표 의성어·의태어와 함께 자주 쓰이는 표현, 비슷한 의성어·의태어, 그리고 사용할 때 주의해야 할 점 등을 알려주고 있다.

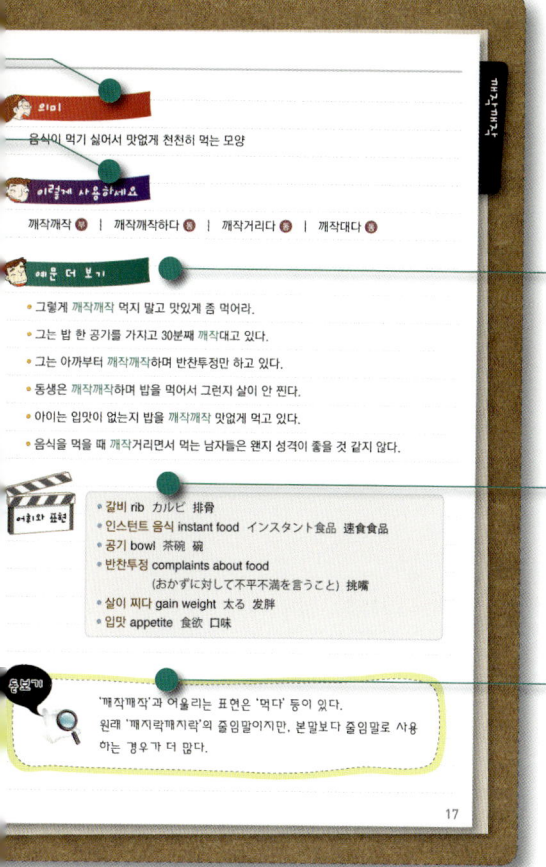

문장 속에서 의성어와 의태어가 사용되는 다양한 형태를 보여주었다.

만화와 예문 속에 나타난 새로운 어휘와 표현을 영어, 일본어, 중국어로 설명하였다.

의성어와 의태어를 사용할 때 주의해야 할 점과 사용 방법에 대해 더 자세하게 설명하였다.

가족 소개

재석(아버지) : 50세, 회사원
성실하고 책임감 있는 아버지이다. 술을 좋아하고 사람들
만나는 것을 좋아한다.

한나(어머니) : 46세, 주부
마음이 따뜻한 어머니이지만 가족들에게 잔소리를 많이
한다.

미나(이모) : 32세, 회사원
한나의 여동생으로, 예쁘고 날씬하다.
회사 동료인 김 대리가 그녀를 짝사랑하고 있다.

효리(큰딸) : 23세, 대학교 4학년
재석과 한나의 큰딸로, 덜렁대서 실수를 많이 한다.
엄마를 닮아서 키가 작고 통통하다.

성우(큰아들) : 19세, 고등학교 3학년
재석과 한나의 큰아들로, 키가 크고 잘생겼다.
머리는 좋지만 공부보다 컴퓨터 게임에 관심이 더 많다.

진우(막내아들) : 6세, 유치원생
재석과 한나의 늦둥이 막내아들이다.
귀엽지만 고집이 세다.

김 대리 : 37세, 미나의 직장 동료
마음이 착하고 순수한 노총각으로 미나를 좋아한다.

주연 : 32세, 미나의 직장 동료
미나와 가장 친한 회사 동료이다. 김 대리에게 관심이 있다.

박 과장 : 46세, 미나의 직장 상사
일할 때는 엄격하지만 직원을 잘 챙긴다.
그렇지만 돈을 너무 안 써서 '짠돌이'라고 불린다.

선희 엄마 : 47세, 동네 아주머니
한나와 10년째 알고 지내는 이웃이다. 마음이 착하고 친절하다.

영철 엄마 : 46세, 동네 아주머니
얼마 전에 한나의 동네로 이사 왔다.
조금 수다스럽지만 마음이 따뜻하고 다른 사람들을 잘 도와준다.

새댁 : 29세
한나와 같은 동네에 사는 젊은 아기 엄마이다.
아기 보는 것이 아직 서툴러서 동네 아주머니들이 많이 도와준다.

차 례

머리말 · 3

일러두기 · 4

등장인물 · 6

Ⅰ. 사람 · 10

　1. 먹을 때 · 11

　　냠냠 12 / 벌컥벌컥 14 / 깨작깨작 16 / 꿀꺽꿀꺽 18

　　쩝쩝 20 / 후루룩후루룩 22 / 홀짝홀짝 24

　　확인해 봅시다 · 26

　2. 잠잘 때 · 27

　　쌔근쌔근 28 / 쿨쿨 30 / 꾸벅꾸벅 32 / 드르렁드르렁 34

　　뒤척뒤척 36 / 바드득바드득 38

　　확인해 봅시다 · 40

　3. 웃을 때 · 41

　　하하 42 / 호호 44 / 헤헤 46 / 키득키득 48

　　깔깔 50 / 싱글벙글 52 / 방글방글 54

　　확인해 봅시다 · 56

　4. 울 때 · 57

　　응애응애 58 / 훌쩍훌쩍 60 / 흑흑 62 / 엉엉 64

　　칭얼칭얼 66 / 글썽글썽 68 / 울먹울먹 70

　　확인해 봅시다 · 72

　5. 말할 때 · 73

　　소곤소곤 74 / 속닥속닥 76 / 웅성웅성 78 / 고래고래 80

　　투덜투덜 82 / 또박또박 84 / 우물쭈물 86 / 주절주절 88

　　확인해 봅시다 · 90

　6. 움직일 때 · 91

　　끄덕끄덕 92 / 갸우뚱갸우뚱 94 / 절레절레 96 / 기웃기웃 98

　　살금살금 100 / 후다닥후다닥 102 / 벌러덩벌러덩 104

허우적허우적 106 / 훨훨 108

확인해 봅시다 · 110

7. 걸을 때 · 111

또각또각 112 / 쿵쾅쿵쾅 114 / 아장아장 116 / 성큼성큼 118

절뚝절뚝 120 / 터덜터덜 122 / 비틀비틀 124

확인해 봅시다 · 126

8. 몸의 감각과 상태 · 127

꼬르륵꼬르륵 128 / 뻘뻘 130 / 콜록콜록 132 / 욱신욱신 134

지끈지끈 136 / 따끔따끔 138 / 까칠까칠 140 / 벌벌 142

확인해 봅시다 · 144

9. 심리상태 · 145

싱숭생숭 146 / 조마조마 148 / 철렁철렁 150 / 주뼛주뼛 152

두근두근 154 / 뒤숭숭 156

확인해 봅시다 · 158

Ⅱ. 사물 · 159

보글보글 160 / 쨍그랑쨍그랑 162 / 똑똑 164 / 쾅쾅 166

찰칵찰칵 168 / 따르릉따르릉 170 / 부릉부릉 172 / 반짝반짝 174

펄럭펄럭 176 / 울퉁불퉁 178 / 흔들흔들 180

확인해 봅시다 · 182

Ⅲ. 자연 · 183

쨍쨍 184 / 철썩철썩 186 / 부슬부슬 188 / 주르륵주르륵 190

울긋불긋 192 / 둥실둥실 194 / 쌩쌩 196 / 펄펄 198 / 꽁꽁 200

확인해 봅시다 · 202

Ⅳ. 동물 울음소리 · 203

정답 · 204

찾아보기 · 206

I 사람

❶ 먹을 때

❷ 잠잘 때

❸ 웃을 때

❹ 울 때

❺ 말할 때

❻ 움직일 때

❼ 걸을 때

❽ 몸의 감각과 상태

❾ 심리상태

1 먹을 때

- 냠냠
- 벌컥벌컥
- 깨작깨작
- 꿀꺽꿀꺽
- 쩝쩝
- 후루룩후루룩
- 홀짝홀짝

냠냠

식당에서……

김 대리님, 정말 맛있게 드시네요.

제가 제일 좋아하는 음식이 김치찌개거든요.

김 대리는 식성이 정말 좋아.

으흐, 그렇긴 해요. 음~ 맛있다. **냠냠**.

김 대리랑 결혼하는 사람은 누가 될지 날마다 반찬 걱정은 안 해도 될 거야, 그렇지? 김 대리?

과장님도 참…….

맞아요, 남자들이 반찬투정 하면 여자들이 힘들잖아요.

의미

음식을 맛있게 먹는 소리나 모양

냠냠 **부** | 냠냠거리다 **동** | 냠냠대다 **동** | 냠냠하다 **동 형**

- 그 아이는 피자를 냠냠 먹었다.
- 아이가 과자를 냠냠 맛있게 먹고 있다.
- 할머니는 냠냠하며 떡을 맛있게 드신다.
- 아까부터 뭘 그렇게 냠냠대며 먹고 있니?
- 동생이 냠냠거리며 먹는 걸 보니까 갑자기 배가 고파졌다.
- 학생들이 점심시간에 냠냠거리며 도시락을 맛있게 먹는다.

- 김치찌개 kimchi stew キムチチゲ 泡菜汤
- 식성이 좋다 have a good appetite
  　　　　　(食べ物に対する好みが良い) 食欲很好
- 걱정 anxiety 心配 担忧
- 과자 snack お菓子 饼干
- 도시락 packed lunch 弁当 盒饭

'냠냠'과 어울리는 표현은 '먹다' 등이 있다.
'냠냠'은 어린 아이들이 음식을 맛있게 먹을 때 많이 사용하는
말인데, 성인에게도 사용할 수 있다.

벌컥벌컥

집에서……

 **의미**

물이나 음료, 술 등을 거침없이 마시는 소리나 모양

 **이렇게 사용하세요**

벌컥벌컥 **뒤** | 벌컥거리다 **동** | 벌컥대다 **동** | 벌컥벌컥하다 **동**

 **예문 더 보기**

- 그는 맥주를 벌컥벌컥하며 단숨에 마셔 버렸다.

- 아이는 목이 많이 마른지 물을 벌컥벌컥 마신다.

- 그렇게 벌컥벌컥 마시지 말고 조금 천천히 마셔라.

- 그는 막걸리를 벌컥벌컥하며 마시더니 금방 취했다.

- 그 사람은 아까부터 자리에 앉아서 술만 계속 벌컥대고 있다.

- 오빠가 술을 벌컥거리며 마시는 걸 보니 뭔가 안 좋은 일이 있나 보다.

 **어휘와 표현**

- 결혼기념일 wedding anniversary 結婚記念日 结婚纪念日
- 챙기다 remember 準備する 照顾
- 막걸리 makgeolli (raw rice wine) マッコリ (どぶろく) 马格里酒
- 취하다 get drunk 酔う 醉

 **돋보기**

'벌컥벌컥'과 어울리는 표현은 '마시다' 등이 있다.
'벌컥벌컥'은 단숨에 많은 양을 계속 들이마실 때 사용하는
표현이다.

깨작깨작

집에서……

음~ 맛있는 냄새~,
엄마, 오늘 반찬은
뭐예요?

성우가 시험 때가 되니까
입맛이 떨어진 것 같아서
갈비 좀 했어.

성우는 좋겠다,
엄마가 특별히
요리도 해
주시고……,

고마워요,
엄마.

진우야,
밥맛이 없어?
왜 아까부터 음식을
깨작거리고 있어?

**난 피자
먹고 싶어!!**

아이고, 맛있는 갈비도 있는데
피자는 무슨 피자야?

우리 진우는
인스턴트 음식만
좋아해서 큰일
이야.

 **의미**

음식이 먹기 싫어서 맛없게 천천히 먹는 모양

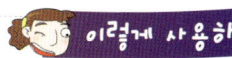 **이렇게 사용하세요**

깨작깨작 **부** | 깨작거리다 **동** | 깨작대다 **동** | 깨작깨작하다 **동**

 **예문 더 보기**

- 그렇게 깨작깨작 먹지 말고 맛있게 좀 먹어라.
- 그는 밥 한 공기를 가지고 30분째 깨작대고 있다.
- 그는 아까부터 깨작깨작하며 반찬투정만 하고 있다.
- 동생은 깨작깨작하며 밥을 먹어서 그런지 살이 안 찐다.
- 아이는 입맛이 없는지 밥을 깨작깨작 맛없게 먹고 있다.
- 어렸을 때 음식을 깨작거리며 먹어서 엄마한테 혼난 적이 많다.

 **어휘와 표현**

- 입맛 appetite 食欲 口味
- 갈비 rib カルビ 排骨
- 인스턴트 음식 instant food インスタント食品 速食食品
- 공기 bowl 茶碗 碗
- 반찬투정 complaints about food
  　　　　(おかずに対して不平不満を言うこと) 挑食
- 살이 찌다 gain weight 太る 发胖

 **돋보기**

'깨작깨작'과 어울리는 표현은 '먹다' 등이 있다.
원래 '깨지락깨지락'의 줄임말이지만, 본말보다 줄임말로 사용
하는 경우가 더 많다.

꿀꺽꿀꺽

집에서……

의미

음식이나 액체 등을 목으로 삼키는 소리나 모양

 **이렇게 사용하세요**

꿀꺽꿀꺽 부 | 꿀꺽꿀꺽하다 동

꿀꺽 부 | 꿀꺽거리다 동 | 꿀꺽대다 동 | 꿀꺽이다 동 | 꿀꺽하다 동

 **예문 더 보기**

- 그는 긴장해서 계속 침을 꿀꺽이고 있다.

- 아이는 알약을 단숨에 꿀꺽하며 삼켜 버렸다.

- 그 아기는 맛있는 음식만 보면 침을 꿀꺽댄다.

- 아이는 꿀꺽꿀꺽 소리를 내며 음료수를 마시고 있다.

- 껌을 씹다가 전화 벨소리에 놀라서 껌을 꿀꺽 삼켜 버렸다.

- 그는 이가 아파서 음식을 보고도 그냥 침만 꿀꺽거리고 있다.

어휘와 표현

- 알약 tablet 錠剤 药丸 ● 삼키다 swallow 飲み込む 咽下
- (병이) 낫다 get well, be cured 治る 痊愈
- 말을 잘 듣다 be obedient 言うことをよくきく 很听话
- 긴장하다 get nervous, be strained 緊張する 紧张
- 놀라다 be astonished 驚く 吃惊
- 몰래 secretly こっそり 偷偷地

돋보기

'꿀꺽꿀꺽'과 어울리는 표현은 '먹다', '마시다', '삼키다' 등이 있다.
'꿀꺽하다'는 위의 의미 외에 '옳지 못한 방법으로 다른 사람의
돈이나 물건을 자기 것으로 만드는 경우'에도 사용한다.
예 그는 친구의 재산을 몰래 꿀꺽하고 도망갔다.

쩝쩝

영철이네 집에서……

난 김장하고 나면 이 돼지보쌈 먹는 게 제일 좋더라.

오늘 고생하셨는데 맛있게 드세요.

영철 엄마는 김장해서 좋겠다. 난 언제 하지?

날씨 추워지기 전에 해서 후련하네요. 진우 엄마도 빨리 해요. 내가 가서 도와줄게요.

음~ 김치 너무 맛있게 됐다.

쩝쩝 쩝쩝

진우 엄마가 **쩝쩝** 소리까지 내면서 먹는 걸 보니 이번 김장이 정말 맛있게 됐나 보네.

나도 한번 **쩝쩝**거리면서 먹어 봐야지. 그렇게 먹으면 맛있어요? 호호.

20

의미

음식을 요란하게 먹을 때 나는 소리나 모양

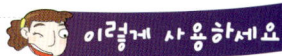 **이렇게 사용하세요**

쩝쩝 부 | 쩝쩝거리다 동 | 쩝쩝대다 동 | 쩝쩝하다 동

 **예문 더 보기**

- 쩝쩝대며 먹지 말고 조용히 먹어라.
- 그는 밥 먹을 때마다 쩝쩝하며 먹는다.
- 밥을 먹을 때 쩝쩝거리며 먹으면 보기 싫다.
- 그 아이는 밥을 더 먹고 싶은지 입맛을 쩝쩝 다셨다.
- 할머니는 부엌에서 입을 쩝쩝 다시며 음식 맛을 보고 계신다.
- 음식을 먹을 때 쩝쩝거리며 먹는 사람은 한번 쳐다보게 된다.

 **어휘와 표현**

- 김장하다 pickle vegetables[kimchi] for the winter キムジャンを する(立冬前後に越冬用のキムチを漬け込む) 做泡菜
- 돼지보쌈 bossam (boiled pork eaten with a salty sauce and wrapped in greens) 豚肉のボッサム 蒸五花肉
- 고생하다 go through hardships 苦労する 吃苦
- 후련하다 feel better すっきりする 舒畅
- 입(맛)을 다시다 smack one's lips 舌鼓を打つ 咂嘴
- 쳐다보다 look at 見つめる 盯

 **돋보기**

'쩝쩝'과 어울리는 표현은 '먹다', '입(맛)을 다시다' 등이 있다. 어떤 것이 아쉽거나 마음에 들지 않아서 입맛을 다실 때도 사용할 수 있다.

예 그는 일의 결과가 마음에 안 드는지 입맛만 쩝쩝 다시며 얼굴을 찡그렸다.

후루룩후루룩

집에서……

집에서……

의미

국물이나 면 등을 들이마시며 먹는 소리나 모양

이렇게 사용하세요

후루룩후루룩 **부** | 후루룩후루룩하다 **동**

후루룩 **부** | 후루룩거리다 **동** | 후루룩대다 **동** | 후루룩하다 **동**

예문 더 보기

- 뜨거운 국물을 후루룩후루룩 마신다.
- 그는 항상 커피를 후루룩대며 마신다.
- 라면을 후루룩후루룩하며 맛있게 먹고 있다.
- 후루룩거리면서 국수를 먹는 걸 보니까 군침이 돈다.
- 따뜻한 콩나물국을 후루룩 마시면 감기가 나을 것 같다.
- 국밥 한 그릇을 후루룩하는 소리와 함께 금방 다 먹어버렸다.

어휘와 표현

- 라면 instant noodles(ramen) ラーメン 拉面
- 끓이다 boil 煮る 煮
- 출출하다 a little hungry 少し空腹だ 有点饿
- 냄새 smell におい 气味儿
- 얼굴이 달덩이가 되다 become a swollen face
  　　　　　　　　　顔が真ん丸になる 脸像个月亮
- 군침이 돌다 mouth watering よだれが出る 嘴馋
- 콩나물국 bean-sprouts soup モヤシのスープ 黄豆芽汤
- 국밥 boiled rice served in soup 汁をかけたご飯 汤饭

돋보기

'후루룩후루룩'과 어울리는 표현은 '먹다', '마시다' 등이 있다.
특히 국물이나 면 등을 야단스럽게 먹을 때 사용한다.

23

홀짝홀짝

술집에서…

주연아, 너도 한잔해.

그래요,
주연 씨, 오늘이
주연 씨 생일인데
한잔하셔야죠.

알았어요,
오늘 생일
챙겨주셔서
정말 고마워요.
자~ 건배.

건배!!

주연 씨,
그렇게 홀짝홀짝
조금씩 마시지 말고
쭉 마셔요.

저는 술을
잘 못 마시잖아요.
그래서 빨리 못
마셔요.

김 대리님, 주연이 술 잘 못해요,
너무 권하지 마세요.

알았어요,
그럼 빨리 마시고
2차로 노래방에
갑시다.

24

 **의미**

액체를 조금씩 들이마시는 소리나 모양

 **이렇게 사용하세요**

홀짝홀짝 부 | 홀짝홀짝하다 동

홀짝거리다 동 | 홀짝대다 동 | 홀짝이다 동

 **예문 더 보기**

- 그렇게 홀짝대지 말고 그냥 쭉 마셔라.

- 홀짝이면서 마신 술이 벌써 두 병째다.

- 시험에 떨어진 형은 밤새도록 소주를 홀짝홀짝했다.

- 그는 맥주 한 잔을 가지고 한 시간째 홀짝거리고 있다.

- 오빠는 고민이 있는지 혼자서 술을 홀짝홀짝 마시고 있다.

- 맞선 자리에 나온 남자가 별 말 없이 커피만 홀짝거리고 있다.

어휘와 표현

- 한잔하다 have a drink 一杯やる 喝一杯
- 건배 cheers, toast 乾杯 干杯
- 쭉 마시다 take a swig ぐいっと飲む 喝光
- 권하다 offer 勧める 劝
- 잔 glass 杯 杯
- 맞선 a marriage meeting 見合い 相亲
- 콧물 nasal mucus 鼻水 鼻涕

돋보기

'홀짝홀짝'과 어울리는 표현은 '마시다' 등이 있다.
콧물을 들이마시며 울 때나, 감기에 걸려서 콧물을 들이마실 때는
'훌쩍'을 많이 사용한다.

25

1 다음을 맞는 것과 연결하세요.

① 후루룩후루룩 •   • ㉠ 액체를 조금씩 들이마시는 소리나 모양

② 벌컥벌컥 •   • ㉡ 음식을 먹기 싫어서 맛없게 천천히 먹는 모양

③ 깨작깨작 •   • ㉢ 음식이나 액체 등을 목으로 삼키는 소리나 모양

④ 꿀꺽꿀꺽 •   • ㉣ 국물이나 면 등을 들이마시며 먹는 소리나 모양

⑤ 홀짝홀짝 •   • ㉤ 물이나 음료 술 등을 거침없이 마시는 소리나 모양

2 다음 빈칸에 알맞은 말을 골라 써 넣으세요.

> ㉠ 후루룩   ㉡ 냠냠   ㉢ 쩝쩝   ㉣ 꿀꺽

① 그 아이는 무슨 음식이든지 [   ] 맛있게 먹어서 예쁘다.

② 침을 [   ] 삼키는 소리가 들릴 정도로 조용했다.

③ [   ] 소리를 내며 밥을 먹다가 엄마에게 혼이 났다.

3 다음 중 알맞은 말을 골라 대화문을 완성하세요.

> ㉠ 벌컥거리다   ㉡ 깨작대다   ㉢ 후루룩거리다   ㉣ 홀짝이다

① 가: 엄마, 다른 반찬은 없어요? 밥 먹기 싫어요.

　나: 너는 반찬투정 좀 그만해. [   ] 지 말고 좀 맛있게 먹어.

② 가: 무슨 술을 그렇게 급하게 [   ] (으)면서 마셔요?

　나: 알았어요. 천천히 마실게요. 오늘 기분이 좀 안 좋아서 그래요.

③ 가: 작년 크리스마스에 뭐 했어요?

　나: 만날 사람도 없고 해서 혼자 집에서 소주만 [   ] 었/았어요.

4 가족들이 식탁에서 함께 식사를 하고 있습니다. 가족들의 식사하는 모습을 의성어와 의태어를 사용해서 써 보세요.

2 잠잘 때

- 쌔근쌔근
- 쿨쿨
- 꾸벅꾸벅
- 드르렁드르렁
- 뒤척뒤척
- 바드득바드득

쌔근쌔근

집에서……

여보, 나 왔어요.

오셨어요? 오늘도 고생 많으셨어요.

웬일로 진우가 안 보이네, 어디 갔어?

진우 저쪽에서 자고 있잖아요. 놀이터에서 하루 종일 놀더니 피곤했나 봐요.

우리 진우, **쌔근쌔근** 잠도 잘 자네, 우리 아들 자는 모습도 참 귀엽지?

저는 진우가 잘 때가 제일 사랑스러워요. 사고도 안 치고 고집도 안 부리니까 얼마나 좋은지 몰라요. 오오.

의미

조용하게 숨소리를 내며 깊이 자는 소리나 모양

이렇게 사용하세요

쌔근쌔근 ^부 | 쌔근쌔근하다 ^동 | 쌔근거리다 ^동 | 쌔근대다 ^동

예문 더 보기

- 아이가 엄마 품에서 쌔근쌔근 잔다.
- 아이가 세상모르고 쌔근대며 잠을 잔다.
- 쌔근쌔근 자는 아이의 모습이 천사처럼 예쁘다.
- 울다 지친 아이는 어느새 쌔근쌔근하면서 잠이 들었다.
- 아이가 감기약을 먹고 몇 시간째 쌔근거리며 자고 있다.
- 밤새 보채던 아이가 새벽이 되자 쌔근거리며 곯아떨어졌다.

어휘와 표현

- 놀이터 playground 遊び場 游乐场
- 하루 종일 from morning till night, all the day 一日中 整天
- 사랑스럽다 lovely, charming 愛らしい 可爱
- 사고를 치다 cause an accident 問題を起こす 闯祸
- 고집을 부리다 be stubborn 我を張る 一个劲固执
- 세상모르고 자다 sleep like a log
  　　　　　　　（ぐっすり眠って）何もわからない 睡得很熟
- 보채다 whine, pester だだをこねる 纠缠
- 곯아떨어지다 fall into a deep sleep 眠りこける 倒头大睡

돋보기

'쌔근쌔근'과 어울리는 표현은 '자다' 등이 있다. '쌔근쌔근'은 어린아이가 자는 소리나 모습을 나타낼 때 많이 사용한다.

쿨쿨

미나의 사무실에서……

의미

크게 숨을 쉬면서 깊이 잘 자는 소리나 모양

이렇게 사용하세요

쿨쿨 **부** | 쿨쿨거리다 **동** | 쿨쿨대다 **동** | 쿨쿨하다 **동**

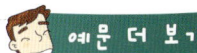
예문 더 보기

- 남편이 세상모르고 쿨쿨 잘 잔다.
- 쿨쿨하며 잠을 자는 그녀의 모습이 사랑스럽다.
- 친구는 영화관에서 영화는 안 보고 쿨쿨 잠만 잔다.
- 전화 오는 줄도 모르고 하루종일 쿨쿨거리며 잠만 잤다.
- 아이는 학교 갈 시간이 지났는데도 아직 쿨쿨대며 잔다.
- 놀이터에서 돌아온 아이는 피곤했는지 쿨쿨거리며 잠을 잔다.

어휘와 표현

- 근무시간 working hours 勤務時間 工作时间
- 부드럽다 soft 柔らかい 柔和
- 침 saliva, spit 唾 口水
- 닦다 polish, clean 拭く 擦
- 남편 husband 夫 丈夫

돋보기

'쿨쿨'과 어울리는 표현은 '자다' 등이 있다.
'쿨쿨'은 '쌔근쌔근'보다 더 크게 숨을 쉬면서 잘 자는 소리나
모습을 나타낸다.

꾸벅꾸벅

미나의 사무실에서……

의미

고개를 자꾸 앞으로 숙였다가 들면서 조는 모양

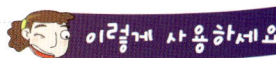 **이렇게 사용하세요**

꾸벅꾸벅 부 | 꾸벅꾸벅하다 동 | 꾸벅 부 | 꾸벅거리다 동 | 꾸벅대다 동

 **예문 더 보기**

- 그는 강의를 들으면서 꾸벅 잠이 들었다.

- 수업 시간에 학생들이 꾸벅거리며 졸고 있다.

- 영화를 보다가 졸려서 나도 모르게 꾸벅댔다.

- 회의 시간에 꾸벅대며 졸다가 상사한테 들켰다.

- 오후에 식곤증 때문에 꾸벅꾸벅 조는 사람이 많다.

- 지하철에서 옆에 앉은 여자가 계속 꾸벅꾸벅하며 잔다.

 **어휘와 표현**

- 회의 meeting 会議 会议
- 정신(을) 차리다 come to consciousness しっかりする 打起精神
- 졸다 doze off 居眠りする 打盹
- 과음하다 drink heavily 飲みすぎる 过度饮酒
- 상사 one's superior, boss 上司 上司
- 들키다 be discovered 見つかる 被发觉
- 식곤증 languor after a meal
  (食後にけだるくなって眠気がさす症状) 食困症
- 고개 head 頭 头

 돋보기

'꾸벅꾸벅'과 어울리는 표현은 '졸다', '자다' 등이 있다.
원래 '꾸벅'은 고개를 숙였다가 드는 모양을 말하며, 인사할 때도
사용할 수 있다.
예 그 사람은 선배들을 볼 때마다 꾸벅꾸벅 인사를 잘한다.

드르렁드르렁

미나의 사무실에서……

 의미

시끄럽게 코를 골면서 자는 소리

 이렇게 사용하세요

드르렁드르렁 부 | 드르렁드르렁하다 동

드르렁 부 | 드르렁거리다 동 | 드르렁대다 동

 예문 더 보기

- 그는 피곤할 때면 코를 드르렁드르렁하며 잔다.

- 자다가 드르렁대는 내 콧소리에 깜짝 놀라서 깼다.

- 남편이 드르렁드르렁 코를 골아서 밤새 한잠도 못 잤다.

- 아버지는 술에 취해서 드르렁드르렁 코를 골면서 주무신다.

- 친구가 극장에서 드르렁 코를 골며 자서 사람들이 다 쳐다봤다.

- 잘 때마다 심하게 코를 드르렁거리며 골아서 병원에 갔다 왔다.

 어휘와 표현

- 야유회 excursion 小旅行 野游
- 한잠도 못 자다 not sleep a wink 一睡もできない 一点都没睡着
- 심하다 heavy, extreme ひどい、度が過ぎる 过分
- 귀마개 earplugs 耳栓 耳塞
- 코를 골다 snore いびきをかく 打呼噜
- 밤새 all night long 夜通し 夜间

돋보기

'드르렁드르렁'과 어울리는 표현은 '코를 골다' 등이 있다. 코 고는 소리의 대표적인 소리로 어른이나 아이에게 모두 사용할 수 있다.

35

뒤척뒤척

집 안방에서……

뒤척 뒤척

여보, 잠이 잘 안 와요?
무슨 고민이라도
있어요?

아무 것도 아니야.

아니긴 뭐가 아니에요?
아까부터 계속 **뒤척**거리고
있으면서…….

내일 거래처하고
중요한 회의가 있는데,
일이 잘 될지 좀 걱정이야.

그것 때문에
못 자는 거예요?

걱정 마요,
당신 잘 할 거예요.
어서 자요.

의미

잠이 안 와서 몸을 이리저리 자꾸 움직이는 모양

 이렇게 사용하세요

뒤척뒤척 ^부 | 뒤척뒤척하다 ^동 | 뒤척거리다 ^부 | 뒤척대다 ^동 | 뒤척이다 ^동

 예문 더 보기

- 뒤척뒤척하지 말고 빨리 좀 자라.
- 잠이 안 와서 밤새 뒤척거렸더니 너무 졸리다.
- 남편이 옆에서 계속 뒤척대서 잠을 잘 못 잤다.
- 그는 우울증 때문에 밤마다 뒤척이면서 잠을 못 이룬다.
- 아내가 무슨 걱정이 있는지 계속 뒤척뒤척 잠을 못 잔다.
- 나는 저녁에 커피를 마시면 뒤척뒤척하며 잠을 잘 못 잔다.

 **어휘와 표현**

- 잠이 안 오다 unable to get to sleep 眠くならない 睡不着
- 고민 worry 悩み 苦悶
- 거래처 customers, clients 取引先 客户
- 졸리다 feel sleepy 眠い 困
- 우울증 depression 鬱病 忧郁症
- 잠을 못 이루다 fail to get to sleep 寝付けない 难以入睡

 **돋보기**

'뒤척뒤척'과 어울리는 표현은 '잠을 못 자다',
'잠을 못 이루다' 등이 있다.

바드득바드득

집에서……

의미

자면서 이를 가는 소리나 모양

이렇게 사용하세요

바드득바드득 부 | 바드득바드득하다 동

바드득 부 | 바드득거리다 동 | 바드득대다 동 | 바드득하다 동

예문 더 보기

- 아이가 바드득 이를 갈면서 자고 있다.

- 나는 술만 마시면 이를 바드득바드득 갈며 잔다.

- 바드득거리며 이를 가는 소리를 들으면 소름이 끼친다.

- 이를 바드득대는 소리는 코고는 소리 못지않게 듣기 싫다.

- 그 여자는 코만 고는 줄 알았더니 이까지 바드득하며 잔다.

- 딸아이가 이를 바드득바드득하며 자는 소리에 잠이 확 깼다.

 어휘와 표현

- 이를 갈다 gnash one's teeth 歯ぎしりをする 咬牙
- 부전자전 transmission from father to son 父子相伝 父傳子傳
- 괴롭다 troublesome つらい 难受
- 유전 heredity 遺伝 遺傳
- 닮다 take after, resemble 似る 像
- 소름이 끼치다 hair-raising 鳥肌が立つ 起鸡皮疙瘩

 돋보기

'바드득바드득'과 어울리는 표현은 '이를 갈다' 등이 있다.
'바드득바드득'은 이를 가는 소리로서, 꼭 잠잘 때만 사용하는 것은
아니다. 예를 들어 화가 나서 복수심이 생길 때도 사용할 수 있다.
예 그는 복수할 날을 기다리면서 이를 바드득 갈고 있다.

1 다음을 맞는 것과 연결하세요.

① 쌔근쌔근   •   • ㉠ 자면서 이를 가는 소리나 모양

② 쿨쿨   •   • ㉡ 시끄럽게 코를 골면서 자는 소리

③ 드르렁드르렁 •   • ㉢ 크게 숨을 쉬면서 깊이 잘 자는 소리나 모양

④ 바드득바드득 •   • ㉣ 조용하게 숨소리를 내며 잘 자는 소리나 모양

2 다음 빈칸에 알맞은 말을 골라 써 넣으세요.

㉠ 꾸벅꾸벅	㉡ 뒤척뒤척	㉢ 바드득바드득	㉣ 쌔근쌔근

① 그 아이는 [＿＿＿＿＿＿＿＿] 이를 가는 잠버릇이 있다.

② 지하철에서 [＿＿＿＿＿＿＿＿] 졸다가 세 정거장이나 더 갔다.

③ 남편은 걱정이 있는지 밤새 [＿＿＿＿＿＿＿＿] 잠을 잘 못 자고 있다.

3 다음 중 알맞은 말을 골라 대화문을 완성하세요.

㉠ 쌔근거리다	㉡ 뒤척대다	㉢ 꾸벅대다	㉣ 드르렁거리다

① 가: 아이 감기는 어때요? 병원에 다녀왔어요?

    나: 네, 좀 나아졌는지 [＿＿＿＿＿＿＿＿] (으)면서 잘 자고 있어요.

② 가: 엄마, 왜 안 주무시고 나와 계세요?

    나: 아버지가 술을 드시고 [＿＿＿＿＿＿＿＿] (으)며 코를 골아서 잠이 깼어.

③ 가: 김 대리, 회의 시간에 왜 그렇게 [＿＿＿＿＿＿＿＿] (으)면서 졸고 있어?

    나: 죄송합니다. 어제 친구들하고 늦게까지 술을 마셨더니 좀 피곤해서요.

4 여러분은 특별한 잠버릇이 있습니까? 밤에 잠을 잘 때 어떻게 잠을 자는지 의성어와 의태어를 사용해서 써 보세요.

3 웃을 때

하하
호호
헤헤
키득키득
깔깔
싱글벙글
방글방글

하하

집에서……

날 봐, 날 봐, 귀순.
날 봐, 날 봐, 귀순. ♬

하하, 우리 진우,
커서 가수해도 되겠네.

오오, 저런 노래는
어디에서 배웠는지,
귀여운 우리 아들,
사랑해~.

엄마, 아빠, 따랑해.

오오, 언니랑 형부는
좋겠네.

그러니까 너도 빨리
결혼하라니까,
오오.

 **의미**

입을 벌리고 크게 웃는 소리나 모양

 **이렇게 사용하세요**

하하 _부　|　하하거리다 _동　|　하하대다 _동　|　하하하다 _동

 **예문 더 보기**

- 그가 하는 농담을 듣고 모두 하하 웃었다.

- 할아버지가 하하 웃자 다 같이 따라 웃었다.

- 하하거리면서 웃는 그의 모습이 꽤 인상적이었다.

- 길에서 넘어지는 나를 보고 친구들이 하하대며 웃었다.

- 그는 목젖이 보이도록 입을 크게 벌리고 하하하고 웃었다.

- 그가 말을 할 때마다 사람들은 항상 하하 웃으며 재미있어한다.

 **어휘와 표현**

- 형부 one's elder sister's husband
　　(義兄妹の立場から見て姉の夫) 姐夫
- 목젖 uvula　のどびこ　小舌
- 농담 joke　冗談　玩笑
- 인상적이다 impressive　印象的だ　印象很深
- 넘어지다 fall down　転ぶ　摔倒
- (입을)벌리다 with one's mouth wide open　口や手の平を 開ける
　　張开

 돋보기

'하하'와 어울리는 표현은 '웃다' 등이 있다.
'하하'는 웃음의 가장 대표적인 표현으로서, 남자와 여자
모두에게 쓸 수 있지만 남자의 웃음에 더 많이 사용한다.

호 호

집 앞에서……

선희 엄마, 영철 엄마, 무슨 일인데 그렇게 **호호**거리며 웃고 있어요? 웃음소리가 100m 밖까지 들리겠어요.

어머, 진우 엄마, 마침 잘 왔어요.

왜요? 무슨 일 있어요?

진우 엄마도 몰랐죠? 알고 보니까 길 건너 슈퍼마켓 아저씨 머리가 가발이었대요. 정말 감쪽같지 않아요? **호호**

어머나, 세상에! 저도 전혀 몰랐네요. 재석 씨한테도 한번 가발을 씌워 볼까…

여자들이 입을 작고 동그랗게 해서 웃는 소리나 모양

호호 부 | 호호거리다 동 | 호호대다 동 | 호호하다 동

- 여자들이 차를 마시며 호호거리고 있다.
- 그녀는 손으로 입을 가리고 호호 웃었다.
- 그가 데이트 신청을 하자 여자는 호호하며 웃었다.
- 할머니가 손녀의 재롱을 보고 계속 호호 웃으셨다.
- 아이들의 재롱잔치를 보면서 엄마들이 즐겁게 호호거렸다.
- 친구들하고 호호대며 수다를 떠느라고 전화 온 줄도 몰랐다.

어휘와 표현

- 마침 just in time ちょうど 正好
- 가발 wig かつら 假发
- 전혀 not at all 全然 压根
- 씌우다 put on かぶせる 蒙
- 데이트 date デート 约会
- 손녀 granddaughter 孫娘 孙女
- 재롱 do cute things 子どもの天真爛漫な言動 逗人样

'호호'와 어울리는 표현은 '웃다' 등이 있다.
'호호'는 보통 여자의 웃음에 많이 사용하고, 여성스럽게 웃는
느낌이 있다.

헤헤

미나의 회사 복도에서……

의미

입을 조금 벌리고 자꾸 웃는 모양

 이렇게 사용하세요

헤헤 부 | 헤헤거리다 동 | 헤헤대다 동 | 헤헤하다 동

 예문 더 보기

- 그는 항상 바보같이 헤헤 웃고 다닌다.

- 그는 여자 친구만 보면 헤헤하고 웃는다.

- 그렇게 헤헤대지만 말고 빨리 말을 좀 해 봐라.

- 그 아이는 선생님의 칭찬을 듣고 헤헤거리며 웃었다.

- 언니는 무슨 좋은 일이 있는지 하루 종일 헤헤 웃기만 하고 있다.

- 그 노총각은 친구의 여동생이 미혼이라는 걸 듣고 헤헤거리며 좋아했다.

 **어휘와 표현**

- **이상형** ideal type 理想のタイプ 理想型
- **보고서** report 報告書 报告
- **바보** fool バカ 笨蛋
- **칭찬** praise 褒めたたえること 赞扬
- **노총각** old bachelor 結婚適齢期を過ぎた未婚男性 老单身汉
- **미혼** single 未婚、独身 未婚

 돋보기

'헤헤'와 어울리는 표현은 '웃다' 등이 있다.
'헤헤'는 실없이 바보처럼 웃거나 쑥스러워서 웃을 때
사용할 수 있다.

키득키득

성우의 학교 교실에서……

의미

참지 못해서 자꾸 입에서 새어나오는 웃음소리나 모양

 **이렇게 사용하세요**

키득키득 부 | 키득키득하다 동

키득 동 | 키득거리다 동 | 키득대다 동 | 키득하다 동

예문 더 보기

- 혼자서만 키득거리지 말고 나한테도 좀 얘기해 줘라.
- 나는 수업 시간에 키득대며 웃다가 선생님한테 걸렸다.
- 친구는 수업 시간에 몰래 만화책을 보면서 키득키득 웃었다.
- 아이는 뭐가 그렇게 재미있는지 혼자 키득키득하며 웃고 있다.
- 나는 도서관에서 책을 읽다가 너무 웃겨서 키득 웃음이 새어나왔다.
- 오늘 낮에 있었던 일을 생각하니까 나도 몰래 키득하고 웃음이 나왔다.

어휘와 표현

- 만화책 comic book 漫画本 漫画书
- 압수 confiscation 没収 没收
- 새어나오다 giggle 漏れる 说漏嘴
- 혼자 alone, by oneself 一人 独自
- 도서관 library 図書館 图书馆

 **돋보기**

'키득키득'과 어울리는 표현은 '웃다' 등이 있다.
'키득키득'은 '키드득키드득'의 줄임말이다.

깔깔

한나와 친구들이 식당에서……

의미

참지 못할 정도로 웃겨서 배를 잡고 크게 웃는 모양

 **이렇게 사용하세요**

깔깔 부 | 깔깔거리다 동 | 깔깔대다 동 | 깔깔하다 동

 예문 더 보기

- 여학생들은 깔깔 웃으며 내 옆을 지나갔다.
- 그 사람은 내 말을 듣고 배꼽을 잡고 깔깔 웃었다.
- 코미디 프로그램을 보고 너무 웃겨서 깔깔 웃었다.
- 그 여자는 잠시 나를 바라보더니 깔깔하며 웃었다.
- 친구가 갑자기 깔깔대며 웃는 바람에 당황스러웠다.
- 친구들과 깔깔거리며 웃던 학창 시절이 가끔 그리워진다.

 **어휘와 표현**

- 세월 times 歲月 岁月
- 미팅 meeting 合コン 集体聚会
- 배꼽이 빠지다 laugh oneself into convulsions
                     はらわたを切る 滑稽极
- 배꼽을 잡다 roll in the aisles 腹を抱える 捧腹
- 코미디 comedy コメディ、お笑い 喜剧
- 당황스럽다 embarrassed 慌てる(あわてる) 慌张
- 학창 시절 one's school days 学生時代 学生时代
- 그립다 long for, miss 恋しい、懐かしい 想念

 **돋보기**

'깔깔'과 어울리는 표현은 '웃다' 등이 있다.
'깔깔'은 보통 여자의 웃음에, '껄껄'은 남자의 웃음에 사용한다.

싱글벙글

미나의 사무실에서……

헉헉!

그래요, 어쩌다 늦을 수도 있지 뭐.

과장님, 죄송해요. 다음부터 늦지 않을게요.

과장님, 제가 오늘 일이 좀 있어서요. 1시간 정도 일찍 퇴근해도 될까요?

바쁜 일 없으면 그렇게 해요.

싱글벙글

오늘 과장님이 이상하네. 왜 저렇게 하루 종일 **싱글벙글**이시지?

몰랐어? 과장님 아들이 이번에 대학에 합격했대. 오늘 오전에 직원들 앞에서 10분도 넘게 자랑했었어.

아~, 어쩐지…….

의미

기분이 좋아서 소리 없이 계속 밝게 웃고 있는 모양

이렇게 사용하세요

싱글벙글 부 | 싱글벙글거리다 동 | 싱글벙글대다 동 | 싱글벙글하다 동

예문 더 보기

- 결혼식에서 신랑은 신부를 보고 좋아서 싱글벙글거렸다.
- 그 사람은 복권에 당첨되어서 요즘 싱글벙글대며 다닌다.
- 아들의 취직 소식을 듣고 어머니는 하루 종일 싱글벙글하셨다.
- 오빠가 하루 종일 싱글벙글 웃는 걸 보니까 좋은 일이 있나 보다.
- 아버지는 내가 장학금을 받았다고 계속 싱글벙글 웃고 다니신다.
- 삼수 후에 드디어 대학교에 합격한 동생은 너무 기뻐서 싱글벙글하고 있다.

어휘와 표현

- 퇴근하다 get off work 退勤する 下班
- 합격하다 get through, pass 合格する 合格
- 자랑하다 boast 自慢する 骄傲
- 복권에 당첨되다 win the lottery 宝くじに当たる 中彩
- 취직 get a job 就職 就职
- 소식 news 知らせ 消息
- 장학금 scholarship 奨学金 奖学金
- 삼수 third try 三浪 三次

돋보기

'싱글벙글'과 어울리는 표현은 '웃다' 등이 있다. 기분 좋은 일이 있을 때 소리는 내지 않고 눈과 입을 움직여서 웃는 모양이다.

방글방글

집에서……

어머! 언니, 이 아기는 누구야?

응, 옆집 새댁이 잠깐 시장 간다고 아기를 맡겼어.

와~ 이 아기 **방글방글** 웃으니까 정말 귀엽다.

얘, 너는 언제 이런 아기 낳아서 키울래?

방글 방글

선희 엄마가 소개해 준다는 사람 한번 만나 봐.

선보면 뭐해, 보나마나 또 별로일 텐데……

흥

너도 빨리 결혼해서 애도 낳아야지. 아기가 **방글방글** 웃고 재롱떨면 얼마나 귀여운데 그래.

아이고~ 또 시작했다. 으~~

54

의미

입을 조금 벌리고 소리 없이 귀엽게 자꾸 웃는 모양

이렇게 사용하세요

방글방글 부 | 방글방글하다 동 | 방글 부 | 방글거리다 동 | 방글대다 동

예문 더 보기

- 아이는 잠에서 깨어 방글방글 웃고 있다.
- 아이들은 방글대며 웃다가도 곧잘 울곤 한다.
- 아이는 배냇짓을 하는지 계속 방글방글 웃는다.
- 그녀는 아이처럼 방글 웃으며 나에게 인사했다.
- 그 애는 방글방글하는 얼굴로 엄마를 쳐다보았다.
- 방글거리는 아기의 모습을 보면 피로가 싹 사라진다.

어휘와 표현

- 새댁 a new bride 新妻 新娘子
- 낳다 give birth to 産む 生
- 재롱떨다 do cute things かわいらしい仕草をする 逗人
- 깨다 wake up 覚める 醒
- 곧잘 quite well よく 経常
- 배냇짓 the twitching of a newborn baby's face while asleep
       赤ちゃんが眠りながら笑ったり顔をしかめたりする仕草
       睡婆婆娇
- 피로 tiredness 疲労 疲劳
- 사라지다 disappear 消える 消失

돋보기

'방글방글'과 어울리는 표현은 '웃다' 등이 있다.
'방글방글'은 어린아이가 웃을 때 많이 사용한다.

1 다음을 맞는 것과 연결하세요.

① 하하 ·   · ㉠ 입을 벌리고 크게 웃는 소리나 모양

② 호호 ·   · ㉡ 입을 작고 동그랗게 해서 웃는 소리나 모양

③ 깔깔 ·   · ㉢ 참지 못해서 자꾸 입에서 새어나오는 웃음소리나 모양

④ 키득키득 ·   · ㉣ 참지 못할 정도로 웃겨서 배를 잡고 크게 웃는 소리나 모양

2 다음 빈칸에 알맞은 말을 골라 써 넣으세요.

㉠ 싱글벙글	㉡ 헤헤	㉢ 방글방글	㉣ 호호

① 오빠는 예쁜 여자만 보면 항상 바보처럼 [　　　　　] 웃는다.

② [　　　　　] 웃는 아기를 보면 피로가 싹 풀린다.

③ 할머니는 웃을 때 손으로 입을 가리고 [　　　　　] 웃으신다.

3 다음 중 알맞은 말을 골라 대화문을 완성하세요.

㉠ 싱글벙글하다	㉡ 깔깔대다	㉢ 방글거리다	㉣ 키득거리다

① 가: 아까 선생님한테 왜 혼난 거야?

　　나: 수업시간에 몰래 만화책을 보고 [　　　　　] (으)며 웃다가 들켰어.

② 가: 오늘 과장님 기분이 왜 저렇게 좋으셔?

　　나: 사모님이 아들을 낳았대. 그래서 기분이 좋아서 하루 종일 [　　　　　]고 계셔.

③ 가: 뭘 보고 그렇게 배꼽을 잡고 [　　　　　] (으)며 웃어?

　　나: 아버지도 같이 보세요. 저 코미디 프로그램이 너무 웃겨요.

4 여러분 가족들의 웃는 모습과 소리를 의성어와 의태어를 사용해서 써 보세요.

4 울 때

응애응애

훌쩍훌쩍

흑흑

엉엉

칭얼칭얼

글썽글썽

울먹울먹

응애응애

집에서……

진우 엄마, 저 왔어요.

근데 왜 영철 엄마가 새댁 아기를 업고 왔어요?

아기가 눕히기만 하면 울어서 새댁이 어젯밤에 한잠도 못 잤대요. 그래서 잠 좀 자라고 내가 업고 왔어요.

그래요? 이쪽에 아기를 눕혀 봐요.

응애― 응애―

어머, 애를 눕히니까 정말 또 우네. 빨리 애 좀 달래 봐요.

울음소리도 크네. 커서 가수가 되려나.

응애― 응애―

오오오, 새댁도 목소리가 크잖아요. 엄마 닮았나 보네.

의미

갓난아기가 우는 소리

이렇게 사용하세요

응애응애 **부** | 응애 **부**

예문 더 보기

- 그 집 아기는 응애응애 우렁차게 운다.

- 갓난아기는 배가 고픈지 응애 하며 울었다.

- 잘 자던 아기가 갑자기 응애응애 울기 시작했다.

- 감기에 걸린 아기는 밤새 보채며 응애응애 울었다.

- 옆집에서 응애응애 하는 아기의 울음소리가 들렸다.

- 그 아기는 울다 지쳐서 응애 소리도 제대로 못 한다.

- 업다 carry someone on one's back おんぶする 背
- 눕히다 lay someone down 寝かせる 卧
- 울다 cry 泣く 哭
- 목소리 voice 声 声音
- 우렁차다 sonorous とどろきわたる 响亮
- 지치다 get exhausted くたびれる 疲惫

'응애응애'와 어울리는 표현은 '울다', '하다' 등이 있다.
아기가 울 때만 사용하는 표현이다.

훌쩍 훌쩍

미나의 방에서……

미나야, 영화 시사회 표가 2장 생겼는데 오늘 같이 영화 보러 갈래?

그래, 좋지.

좌석 배치도
A B C

오오, 걱정 마. 난 영화 보고 원래 잘 안 울어.

이 영화 정말 슬프대. 손수건은 준비 했어?

훌쩍 훌쩍 훌쩍 훌쩍

미나야, 너 영화 보고 잘 안 운다면서?

그러게 말이야. 영화 보면서 이렇게 운 건 처음이야. 무슨 영화가 이렇게 슬프니? 휴지 한 통을 다 썼네……

티슈.

의미

콧물을 들이마시며 우는 소리나 모양

이렇게 사용하세요

훌쩍훌쩍 🔵 │ 훌쩍훌쩍하다 🔴

훌쩍 🔵 │ 훌쩍거리다 🔴 │ 훌쩍대다 🔴 │ 훌쩍이다 🔴 │ 훌쩍하다 🔴

예문 더 보기

- 아이는 한참을 훌쩍이더니 잠이 들었다.

- 그녀는 옛날 일이 생각나는지 훌쩍대며 말했다.

- 그때는 그녀가 왜 훌쩍훌쩍 우는지 알지 못했다.

- 그는 무슨 슬픈 일이 있는지 술을 마시며 훌쩍거렸다.

- 그 아이는 엄마와 헤어지기 싫어서 훌쩍훌쩍하며 돌아섰다.

- 내 이야기를 다 들은 그녀는 눈물을 훌쩍하면서 고개를 숙였다.

어휘와 표현

- 시사회 preview 試写会 首映式
- 손수건 handkerchief ハンカチ 手绢
- 휴지 tissue ティッシュペーパー 手纸
- 생각나다 come to mind, occur to 思い出す 想起来
- 헤어지다 part, break up 別れる 分开
- 고개를 숙이다 bow one's head 頭を下げる 低下头

돋보기

'훌쩍훌쩍'과 어울리는 표현은 '울다' 등이 있다.
('훌쩍훌쩍'의 의미는 25쪽을 참고하세요.)

흑 흑

집 안방에서……

 의미

슬프거나 서러워서 숨을 거칠게 쉬며 우는 소리

 이렇게 사용하세요

흑흑 부 ｜ 흑흑거리다 동 ｜ 흑흑대다 동 ｜ 흑흑하다 동

 예문 더 보기

- 모녀는 부둥켜안고 흑흑 흐느끼며 울었다.
- 그는 전화를 끊고 나서 흑흑거리며 울기 시작했다.
- 아이는 책상에 엎드려 흑흑 소리를 내며 울고 있었다.
- 그 아이는 시험 결과를 보고 흑흑하며 서럽게 울었다.
- 그는 무슨 일이 있는지 방에서 혼자 흑흑대며 울고 있었다.
- 남자 친구와 헤어진 언니는 밥도 안 먹고 흑흑대며 울기만 한다.

 어휘와 표현

- 성적 grade 成績 成绩
- 사나이 man 男 男子汉
- 모녀 mother and daughter 母と娘 母女
- 부둥켜안다 hug 抱き締める 死抱
- 흐느끼다 weep むせび泣く 呜咽
- 전화를 끊다 ring off, hang up 電話を切る 挂断电话
- 엎드리다 lie face down うつ伏せになる 趴

 돋보기

'흑흑'과 어울리는 표현은 '울다', '흐느끼다' 등이 있다.

엉엉

집에서……

다녀왔습니다.

이제 오니?
얘, 그런데
얼굴이 왜 그래?
울었니?

엉엉

무슨 일이야?
왜 그래?

승기가 군대에 간대요.

누가 죽기라도 했어?
그렇게 목 놓아 울게,
무슨 큰일이라도
난 줄 알았네.

매일 만나다가 자주 못 볼 거
생각하니까…

엉   엉

어휴..
대한민국 남자라면
당연히 군대에
갔다와야지,
그게 슬퍼할
일이야?

의미

큰 소리를 내어 우는 소리나 모양

이렇게 사용하세요

엉엉 **부** | 엉엉거리다 **동** | 엉엉대다 **동** | 엉엉하다 **동**

예문 더 보기

- 아이는 장난감을 사 달라고 떼를 쓰며 엉엉 울었다.
- 그 아이는 엄마를 보자 더 서럽게 엉엉대며 울었다.
- 나오는 울음을 참다못해 끝내 엉엉하며 울고 말았다.
- 친구의 사망 소식을 들은 그는 엉엉 소리를 내어 울었다.
- 주사를 놓으려고 하자 아이는 엉엉거리며 울기 시작했다.
- 그는 돌아가신 아버지 생각이 나는지 엉엉 울음을 터뜨렸다.

어휘와 표현

- 군대 the military 軍隊 军队
- 목 놓아 울다 weep bitterly 大声を張り上げて泣く 嚎啕痛哭
- 큰일이 나다 something bad happens, bad luck comes up
  大変な事が起こる 出大事
- 떼를 쓰다 whine 駄々をこねる 耍赖
- 서럽다 mournful, sad 悲しい 悲惨
- 사망 death 死亡 死亡
- 주사를 놓다 give an injection 注射する 打针
- 돌아가시다 pass away 亡くなる 去世

돋보기

'엉엉'과 어울리는 표현은 '울다' 등이 있다. 목을 놓아 크게 울 때 나는 소리나 모양이다.

65

칭얼칭얼

동네 반상회 모임에서……

새댁, 아기가
이제 곧 돌이지?

네, 1달 후면
돌이에요.

예쁘기도 하지.

그런데 아까부터
계속 아기가 **칭얼**거리네.

어디가 불편한가?

이 시간만 되면
늘 이렇게 **칭얼**거려요.
졸려서 그런가 봐요.

칭얼
칭얼

죄송하지만
아무래도 전 먼저
일어나야 할 것
같아요.

그래요, 그래.

가서 얼른
아기 재워요.

잘 가요, 새댁.

 **의미**

어린아이가 불만족스러운 것이 있어 짜증을 내며 우는 소리나 모양

 **이렇게 사용하세요**

칭얼칭얼 🔵 | 칭얼칭얼하다 🔴 | 칭얼거리다 🔴 | 칭얼대다 🔴

 **예문 더 보기**

- 아이는 배가 고픈지 칭얼칭얼했다.
- 동생이 칭얼칭얼 울어서 업고 나왔다.
- 칭얼거리는 아이를 달래느라 진땀을 뺐다.
- 잠에서 깬 아이는 엄마를 찾으며 칭얼댔다.
- 그 아이는 졸리면 칭얼대며 엄마에게 잠투정을 한다.
- 아이스크림을 사달라고 칭얼대는 조카를 데리고 슈퍼마켓에 갔다.

어휘와 표현

- 반상회 neighborhood meeting 町会 班常會
- 돌 the first birthday 満1年になる日 周岁
- 불편하다 inconvenient 不便だ 不便
- 졸리다 feel sleepy 眠い 困
- 재우다 put someone to sleep 寝かす 哄
- 진땀을 빼다 get in a sweat 冷や汗をかく 出一身冷汗
- 잠투정 a fret before sleeping, a peevishness before sleep 子どもが寝入る前や目覚めてからむずかること 睡觉时就淘人

 **돋보기**

'칭얼칭얼'과 어울리는 표현은 '울다' 등이 있다.
주로 어린아이에게 사용하는 표현이다.

글썽글썽

찜질방에서······

진우 엄마, 몸살 났다고 하더니 어때요? 좀 괜찮아요?

네, 몸 좀 풀려고 찜질방에 왔어요.

집수리 했다더니 많이 힘들었겠어요, 수리는 잘 됐어요?

도배만 다시 했는데도 새집 같아요.

우리 집도 도배한 지 오래 돼서 도배를 해야 하는데······.

요즘 예쁜 벽지가 많이 나왔던데, 선희네도 분위기를 바꿔 봐요.

엄마, 아직도 많이 아파요?

글썽 글썽

역시 엄마 걱정해 주는 건 우리 아들밖에 없다니까.

오호, 진우가 효자네~ 엄마가 아프다니까 눈에 눈물이 **글썽글썽**해지는 것 좀 봐요.

의미

눈에 눈물이 넘칠 듯이 고이는 모양

 이렇게 사용하세요

글썽글썽 부 | 글썽글썽하다 동형

글썽거리다 동 | 글썽대다 동 | 글썽이다 동 | 글썽하다 동형

 예문 더 보기

- 어머니의 눈에 눈물이 글썽글썽했다.
- 그녀는 영화를 보면서 눈물을 글썽였다.
- 그녀는 자신의 잘못을 고백하며 눈물을 글썽했다.
- 나는 친구와 헤어지면서 눈물이 글썽거려 말을 잘 못했다.
- 부모님 이야기가 나오자 아이의 눈에 눈물이 글썽글썽 고였다.
- 엄마한테 혼이 난 아이는 눈물을 글썽대며 자기 방으로 들어갔다.

 **어휘와 표현**

- 몸살이 나다 ache all over one's body
  極度の疲労のために調子を崩す　受风
- 찜질방 Korean sauna　チムヂルバン (韓国式サウナ) 桑拿浴室
- 집수리 repair of a house　家の修理　裝修房子
- 도배 paper walls　壁や天井などを紙で貼り付けること　裱糊
- 벽지 wallpaper　壁紙　墙纸
- 분위기 atmosphere　雰囲気　气氛
- 효자 devoted son　親孝行な子　孝子
- 고이다 bring tears to one's eyes　溜まる　含泪

 **돋보기**

'글썽글썽'과 어울리는 표현은 '눈물이 고이다' 등이 있다.
눈물이 흘러내리지는 않지만 곧 떨어질 것처럼 눈에 눈물이
있는 모양이다.

울먹울먹

집에서……

의미

울상이 되어 자꾸 울음이 터져 나오려고 하는 모양

 이렇게 사용하세요

울먹울먹 부 | 울먹울먹하다 동

울먹거리다 동 | 울먹대다 동 | 울먹이다 동 | 울먹하다 동

 예문 더 보기

- 그녀는 울먹거리며 말끝을 얼버무렸다.
- 아이는 울먹울먹하더니 결국 울고 말았다.
- 친구는 내 이야기를 듣고 울먹하며 나가버렸다.
- 엄마에게 혼난 아이는 울먹울먹 울기 시작했다.
- 친구하고 싸웠는지 아이는 울먹이며 집에 들어왔다.
- 언니는 울먹대는 아이를 달래려고 밖으로 데리고 나갔다.

 **어휘와 표현**

- 낙서 scribbling 落書き 乱写乱画
- 말끝 the end of words 言葉じり 语尾
- 얼버무리다 speak ambiguously ざっと混ぜる 含糊
- 달래다 soothe なだめる 劝慰
- 표정 look, expression 表情 表情

 **돋보기**

'울먹울먹'과 어울리는 표현은 '말하다' 등이 있다.
'글썽글썽'은 눈에 눈물이 고여 있는 모양이지만 '울먹울먹'은
울음이 곧 터져나오려고 하는 얼굴 표정을 표현할 때 사용한다.

1 다음을 맞는 것과 연결하세요.

① 엉엉 　　　　•　　　　• ㉠ 갓난아기가 우는 소리

② 응애응애 　•　　　　• ㉡ 큰 소리를 내어 우는 소리나 모양

③ 훌쩍훌쩍 　•　　　　• ㉢ 콧물을 들이마시며 흐느껴 우는 소리나 모양

④ 울먹울먹 　•　　　　• ㉣ 울상이 되어 자꾸 울음이 터져 나오려고 하는 모양

2 다음 빈칸에 알맞은 말을 골라 써 넣으세요.

| ㉠ 칭얼칭얼 | ㉡ 글썽글썽 | ㉢ 흑흑 | ㉣ 울먹울먹 |

① 아이는 책상에 엎드려 서럽게 [　　　　] 울고 있다.

② 아기가 안 자고 [　　　　] 울더니 조금 전에 잠이 들었다.

③ 엄마한테 혼이 난 아이는 갑자기 눈에 눈물이 [　　　　] 고였다.

3 다음 중 알맞은 말을 골라 대화문을 완성하세요.

| ㉠ 훌쩍거리다 | ㉡ 엉엉대다 | ㉢ 글썽이다 | ㉣ 울먹대다 |

① 가: 아직 코를 [　　　　]는 걸 보니 감기가 아직도 안 나았나 봐요.

　나: 네, 약을 먹었는데도 잘 낫지 않네요.

② 가: 그렇게 [　　　　]지만 말고 무슨 일이 있었는지 제대로 얘기해 봐.

　나: 사실은 모의고사 결과가 나왔는데 성적이 너무 나빠요.

③ 가: 여기에서 이렇게 큰 소리로 [　　　　](으)며 울면 안 돼. 빨리 가자.

　나: 싫어요. 저 장난감 안 사주면 안 갈 거예요.

4 울어 본 적이 있습니까? 언제, 왜, 어떻게 울었는지 의성어와 의태어를 사용해서 써 보세요.

5 말할 때

소곤소곤

속닥속닥

웅성웅성

고래고래

투덜투덜

또박또박

우물쭈물

주절주절

소곤소곤

집에서……

의미

남이 알아듣지 못하도록 작은 목소리로 이야기하는 소리나 모양

 이렇게 사용하세요

소곤소곤 부 | 소곤소곤하다 동

소곤 부 | 소곤거리다 동 | 소곤대다 동

 예문 더 보기

- 그들은 소곤거리며 그 일을 상의했다.
- 두 학생은 선생님의 눈치를 보면서 소곤댔다.
- 그는 나를 부르더니 소곤소곤 말하기 시작했다.
- 극장 안에서는 말을 할 때 소곤소곤 말해야 한다.
- 그 여자들은 자기들끼리 소곤거리며 말하고 있었다.
- 그들이 하도 소곤소곤하며 말해서 무슨 말인지 알아들을 수 없었다.

 **어휘와 표현**

- 약속 appointment 約束 约
- 핑계 excuse 口実 借口
- 하숙집 boarding house 下宿屋 寄宿处
- 상의하다 discuss, talk about 相談する 商量
- 눈치를 보다 try to read one's mind 顔色をうかがう 看眼色
- 귓속말을 하다 have a word in a person's ear
  耳打ちする 说悄悄话

 돋보기

'소곤소곤'과 어울리는 표현은 '말하다' 등이 있다.

속닥속닥

미나의 사무실에서……

박 과장님 원래 짠돌이인 줄 알았지만 그 정도인 줄은 몰랐어.

맞아. 자기가 커피 마시러 가자고 했으면서 계산할 때는 어떻게 먼저 사라져 버릴 수가 있어. 치사하게….

속닥

속닥

어머! 과장님 언제 오셨어요?

일은 안 하고 뭘 그렇게 **속닥**거리고 있어?

왜? 내 흉이라도 봤나 보지? 다들 왜 그렇게 놀라?

그럴 리가 있어요? 저희가 과장님 흉을 왜 봐요….

휴~ 큰일 날 뻔했다.

의미

남이 알아듣지 못하도록 작은 목소리로 비밀스럽게 이야기하는 소리나 모양

이렇게 사용하세요

속닥속닥 부 | 속닥속닥하다 동 | 속닥거리다 동 | 속닥대다 동 | 속닥이다 동

예문 더 보기

- 그 여자는 친구에게 비밀 이야기를 속닥대고 있었다.

- 내가 들어가자 그들은 나를 보고 속닥거리기 시작했다.

- 동생은 내 귀에 대고 부모님이 화가 많이 나셨다고 속닥였다.

- 아까부터 두 사람은 누구의 흉을 보는지 속닥속닥 말하고 있다.

- 친구들이 무슨 비밀 이야기라도 하는지 속닥속닥해서 기분이 나빴다.

- 직원들은 자기들끼리 속닥이다가 사장님이 사무실에 들어오자 갑자기 멈췄다.

어휘와 표현

- 짠돌이 scrooge けち 小气鬼
- 치사하다 mean ずるい 下贱
- 흉을 보다 find fault with 陰口を叩く 说长道短
- 화나다 get angry 怒る 生气
- 비밀 secret 秘密 秘密
- 기분 mood 気分 心情

돋보기

'속닥속닥'과 어울리는 표현은 '말하다' 등이 있다.
'속닥속닥'과 '소곤소곤'은 모두 작은 목소리로 말하는 것이지만,
'속닥속닥'은 특히 비밀 이야기를 할 때 많이 사용한다.

웅성웅성

식당 앞에서……

대박 칼국수

이 집 칼국수는 언제 먹어도 맛있죠? 커피는 제가 쏠게요.

와~ 정말요?

어? 저기 커피숍에 왜 저렇게 사람들이 많지?

사람들이 **웅성**거리고 있는 걸 보니까 무슨 일이 있나 봐요.

연예인이라도 온 거 아니에요?

그래요, 우리도 같이 가봐요.

와~ 가수 비야!

어머! 저기 봐, 비야.

흥!

하여간 여자들이란…

의미

사람들이 모여서 좀 소란스럽게 떠드는 소리나 모양

 이렇게 사용하세요

웅성웅성 부 | 웅성웅성하다 동 | 웅성거리다 동 | 웅성대다 동

 예문 더 보기

- 그가 나타나자 사람들이 웅성대기 시작했다.
- 밖에서 웅성웅성하는 소리가 들려서 나가 봤다.
- 웅성대는 소리 때문에 중요한 말을 듣지 못했다.
- 사고 현장에 많은 사람들이 모여서 웅성거리고 있었다.
- 사람들이 여기저기에서 웅성웅성 이야기를 하고 있었다.
- 공연이 시작하기 전부터 팬들이 출입문 앞에서 웅성거리고 있다.

어휘와 표현

- 칼국수 Kalguksu(chopped noodles)
  カルグッス(韓国式うどん) 刀面
- 쏘다 shoot, buy おごる 射
- 연예인 celebrity 芸能人 艺人
- 하여간 anyhow とにかく 反正
- 나타나다 turn up 現れる 出現
- 공연 performance 公演 表演
- 팬 fan ファン 迷 　　　• 출입문 gate 出入り口 出入口

 돋보기

'웅성웅성'과 어울리는 표현은 '이야기하다', '떠들다' 등이 있다. 한 사람이 아니라 여러 사람들이 어수선하게 이야기하거나 떠드는 소리나 모양이다. 사람들의 움직임으로 인해 어수선할 때도 사용할 수 있다.
예 사고 현장에 사람들이 웅성웅성 몰려들기 시작했다.

어휘어휘

고래고래

집에서……

이성우, 너 이리 좀 와 봐, 너 뭐 잘못한 거 없어?

무슨 일인데요, 엄마?

고래고래

이것 좀 봐라, 이게 도대체 얼마니? 휴대폰을 얼마나 쓴 거야?

여보, 무슨 일인데 그렇게 **고래고래** 소리를 질러요?

깜짝

이 휴대폰 고지서 좀 봐요, 십 만원이 넘게 나왔어요.

통신요금 상세내역

국내 통화료	
국내 통화료	
국제 통화료	
인터넷이용료	
소액결제	
기본요금	
합계	118,300

성우야, 네가 잘못했으니까 엄마한테 죄송하다고 해.

죄송해요, 엄마.

아이고~ 언제쯤 철이 들지~

80

의미

큰 소리로 시끄럽게 소리를 지르며 말하는 모양

이렇게 사용하세요

고래고래 **부**

예문 더 보기

- 그는 고래고래 소리를 지르며 화를 냈다.
- 할아버지는 고래고래 악을 쓰면서 싸우셨다.
- 동생은 집이 떠나가도록 고래고래 고함을 질렀다.
- 할머니는 사람을 부를 때 고래고래 소리를 지르신다.
- 그는 노래방에서 고래고래 큰 소리로 노래를 불렀다.
- 그는 술만 마시면 고래고래 소리를 지르며 욕을 한다.

어휘와 표현

- 휴대폰 mobile phone 携帯電話 手机
- 고지서 bill 通知書、請求書 通知书
- 철이 들다 become mature 分別がつく 懂事
- 악을 쓰다 scream 声を張り上げる 大吵大闹
- 고함을 지르다 shout, yell 大声で怒鳴る 高声喊叫
- 노래방 karaoke カラオケ 练歌房
- 부르다 call 呼ぶ 叫

돋보기

'고래고래'와 어울리는 표현은 '말하다', '소리를 지르다' 등이 있다. 특히 화가 나서 소리를 지르거나 욕을 할 때 많이 사용한다.

투덜투덜

집에서……

의미

작은 목소리로 불평을 하며 말하는 모양

이렇게 사용하세요

투덜투덜 ⓜ │ 투덜투덜하다 ⓜ │ 투덜거리다 ⓜ │ 투덜대다 ⓜ

예문 더 보기

- 사춘기인 딸은 요즘 모든 일에 자주 투덜댄다.

- 동생은 학교에 늦었다고 투덜투덜하며 나갔다.

- 그는 새로 산 차가 고장이 나서 투덜대고 있었다.

- 엄마가 심부름을 시키자 동생은 투덜거리며 불평을 했다.

- 그 사람은 어떤 일을 하든지 항상 투덜거리며 불평부터 한다.

- 그녀는 못마땅한 듯 얼굴을 찡그리며 투덜투덜 불평을 하기 시작했다.

어휘와 표현

- 투덜대다 grumble ぶつぶつ言い続ける 发牢骚
- 늦잠 oversleeping 寝坊 懒觉
- 스트레스 stress ストレス 压力
- 습관 habit 習慣 习惯
- 고치다 correct, fix 直す 改变
- 사춘기 adolescence 思春期 思春期
- 불평을 하다 complain 不平を言う 牢骚
- 못마땅하다 displeased with 気に食わない 不满意

돋보기

'투덜투덜'과 어울리는 표현은 '불평하다' 등이 있다.
어떤 일이 마음에 들지 않을 때 불평을 말하는 모양이다.

83

또박또박

집에서……

엉엉

진우야, 왜 그래?

진우야, 유치원에서 무슨 일 있었어? 왜 그렇게 울어?

엄~마, 유치원에서……,

뭐라고? 울지 말고 **또박또박** 잘 얘기해 봐.

유정이가~ 엉엉~

유정이가 때렸어?

아니, 유정이가 민호를 좋아한대,

의미

말이나 글씨 등이 또렷한 모양

 이렇게 사용하세요

또박또박 부 | 또박또박하다 형

 예문 더 보기

- 아이는 또박또박 책을 잘 읽었다.
- 동생은 또박또박 글씨를 예쁘게 쓴다.
- 그 외국인은 한국말로 또박또박 말을 했다.
- 아이는 떨지 않고 영어를 또박또박하게 발음했다.
- 안내원은 또박또박한 목소리로 설명을 잘해 주었다.
- 그 아이는 웅변대회에서 또박또박 말을 잘 해서 상을 탔다.

 어휘와 표현

- 때리다 hit, beat 叩く 打
- 발음 pronunciation 発音 发音
- 안내원 attendant 案内員 服务员
- 설명 explanation 説明 说明
- 웅변대회 oratorical contest 弁論大会 演讲比赛
- 상을 타다 win a prize 賞を取る 获奖

 돋보기

'또박또박'과 어울리는 표현은 '말하다', '글씨를 쓰다' 등이 있다.
말이나 글씨를 잘 알아듣거나 볼 수 있도록 분명하게 쓸 때
사용하는 표현이다.

우물쭈물

미나의 사무실에서……

말이나 행동을 망설이며 분명하게 하지 못하는 모양

우물쭈물 _부 | 우물쭈물하다 _동

- 그는 우물쭈물하기만 하고 대답을 못 했다.

- 아이는 자신 없는 목소리로 우물쭈물 대답했다.

- 이제 우물쭈물하면서 망설일 시간이 더 이상 없다.

- 우물쭈물 망설이지 말고 속 시원히 말을 해 보세요.

- 그 일을 우물쭈물 넘기려다가 어머니에게 들키고 말았다.

- 그는 우물쭈물 망설이다가 나에게 사랑한다고 고백했다.

어휘와 표현

- 별일 what a surprise! 普通とは変わったこと 特別的事
- 평소 as usual 普段、平素 平时
- 행동 behavior, act 行動 行动
- 부탁하다 ask for, request お願いする 拜托
- 망설이다 hesitate ためらう 犹豫

돋보기

'우물쭈물'과 어울리는 표현은 '망설이다', '말하다', '대답하다' 등이 있다. 말이나 행동을 자신있게 하지 못하고 망설일 때 사용한다.

주절주절

술집에서……

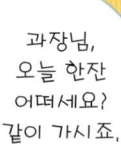

과장님,
오늘 한잔
어떠세요?
같이 가시죠.

아냐, 난 됐어.
김 대리랑 술 마시러
가면 술자리가
너무 길어져서
겁난다고.

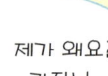

제가 왜요?
과장님.

김 대리는 술만 마시면
주절주절 무슨 말이
그렇게 많아져?

오호, 맞아요.

지난번에도
김 대리님하고
미나 씨하고 같이
술 마시러 갔는데,
김 대리님이 혼자 계속
주절주절 말씀하시는
바람에 날 새는 줄
알았어요.

하하, 그것 봐. 김 대리.
그 술버릇 고쳐야지
장가갈 수 있어.

제가 정말 그랬어요?

작은 목소리로 길게 말을 계속하는 모양

 이렇게 사용하세요

주절주절 부 | 주절주절하다 동 | 주절거리다 부 | 주절대다 동

 예문 더 보기

- 나는 술에 잔뜩 취해 혼잣말을 주절거렸다.

- 동네 아주머니들이 모여서 주절주절 수다를 떨고 있다.

- 오빠는 술에 취하면 쓸데없는 말들을 주절주절 많이 한다.

- 그녀는 전화로 그날 있었던 일을 주절주절 말하기 시작했다.

- 그는 아무도 관심이 없어 하는 일을 혼자 주절대며 늘어놓았다.

- 나는 친구가 자신의 신세타령을 주절주절하며 늘어놓는 것이 싫다.

 어휘와 표현

- 날이 새다 daybreak 夜が明ける 破曉
- 장가를 가다 marry (男が)結婚する 結婚
- 혼잣말 talk to oneself 独り言 自言自语
- 수다를 떨다 prattle おしゃべりする 喋喋不休地谈
- 신세타령 bewail one's lot 身の上話 念叨身世
- 늘어놓다 grumble しゃべりまくる 啰嗦

 돋보기

'주절주절'과 어울리는 표현은 '말하다', '지껄이다' 등이 있다.
필요 이상으로 길고 지루하게 말을 할 때 사용한다.

1 다음을 맞는 것과 연결하세요.

① 고래고래 • • ㉠ 작은 목소리로 불평을 하며 말하는 모양

② 우물쭈물 • • ㉡ 작은 목소리로 길게 말을 계속하는 모양

③ 투덜투덜 • • ㉢ 큰 소리로 시끄럽게 소리를 지르며 말하는 모양

④ 주절주절 • • ㉣ 말이나 행동을 망설이며 분명하게 하지 못하는 모양

2 다음 빈칸에 알맞은 말을 골라 써 넣으세요.

㉠ 소곤소곤	㉡ 고래고래	㉢ 또박또박	㉣ 웅성웅성

① 사고가 난 곳에서 사람들이 모여서 [   ] 거리고 있다.

② 외국어를 말할 때는 [   ] 분명하게 발음해야 한다.

③ 공공장소에서 전화를 할 때는 [   ] 조용히 통화해야 한다.

3 다음 중 알맞은 말을 골라 대화문을 완성하세요.

㉠ 주절거리다	㉡ 속닥대다	㉢ 투덜거리다	㉣ 우물쭈물하다

① 가: 요즘 뭐 안 좋은 일 있어요?

　 나: 회사 동료들이 저를 보고 [   ] 는 것 같아서 기분이 나빠요.

② 가: 왜 김 대리하고 술 마시기를 싫어해요?

　 나: 술에 취하면 계속 [   ] (으)며 길게 말을 해서 들어주기가 힘들어요.

③ 가: 그 일을 해야 할지 말아야 할지 결정을 못 하겠어요.

　 나: 그렇게 [   ] (으)면서 망설이다가 기회를 놓칠 수도 있어요.

4 사람들이 카페에서 이야기하고 있는 모습을 상상하여 의성어와 의태어를 사용해서 써 보세요.

6 움직일 때

- 끄덕끄덕
- 갸우뚱갸우뚱
- 절레절레
- 기웃기웃
- 살금살금
- 후다닥후다닥
- 벌러덩벌러덩
- 허우적허우적
- 훨훨

끄덕끄덕

집에서……

성우 엄마, 요즘 성우는 공부 열심히 해요? 우리 영철이는 요즘 통 공부를 안 해서 걱정이에요.

아이를 낳을 때는 출산 걱정, 낳고 나면 키울 걱정, 또 아이가 크니까 대학 보낼 걱정…… 참 자식 걱정은 끝이 없는 것 같아요.

끄덕 끄덕

그것뿐이겠어요? 요즘은 대학에 들어가도 취직 걱정을 해야 하죠. 대학을 졸업하고도 집에만 있는 경우가 많대요.

맞아요.

끄덕 끄덕

그리고 보면 우리 인생은 풀어야 할 숙제들의 연속인 것 같아요.

끄덕 끄덕

그게 인생이에요.

 **의미**

고개를 아래위로 가볍게 움직이는 모양

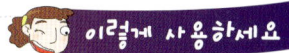 **이렇게 사용하세요**

끄덕끄덕 부 | 끄덕끄덕하다 동 | 끄덕거리다 동 | 끄덕대다 동 | 끄덕이다 동

 **예문 더 보기**

- 학생은 선생님의 말에 고개를 끄덕댔다.

- 그는 아무 말도 하지 않고 고개만 끄덕였다.

- 친구는 내 충고를 듣고 고개를 끄덕끄덕했다.

- 그녀는 알겠다는 듯 고개를 끄덕거리고 있었다.

- 그는 내 말에 고개로 끄덕끄덕 알았다고 대답했다.

- 그 아이는 선생님의 말을 이해했는지 고개를 끄덕끄덕했다.

 **어휘와 표현**

- 통 not at all, not in the least 全く 全
- 출산 childbirth, delivery 出産 生
- 키우다 raise 育てる 培养
- 인생 life 人生 人生
- 풀다 solve 解く 解
- 충고 advice 忠告 忠告

 **돋보기**

'끄덕끄덕'은 말을 이해하거나 알아들었을 때 많이 사용한다.

갸우뚱갸우뚱

성우의 학교에서……

여러분, 여기까지 다 이해하셨어요?

끄덕 끄덕

자, 다시 한번 따라하세요……,
We are not going to……

We are not going to……

성우 학생은 고개를 **갸우뚱**거리고 있네,
이해 안 되는 부분이 있니?

갸우뚱

갸우뚱

선생님, 조금 어려운데요, 방금 설명해 주신 거
다시 한번 설명해 주세요,

바보, 저렇게 쉬운 것도
몰라?

이쪽저쪽으로 자꾸 기울어지며 흔들리는 모양

 이렇게 사용하세요

갸우뚱갸우뚱 (부) | 갸우뚱갸우뚱하다 (동) (형)

갸우뚱 (부) | 갸우뚱거리다 (동) | 갸우뚱대다 (동) | 갸우뚱하다 (동) (형)

 예문 더 보기

- 배가 갸우뚱대더니 결국 뒤집혔다.
- 그는 이해를 못한 듯 머리를 갸우뚱했다.
- 차는 갸우뚱거리며 비포장도로를 달리고 있다.
- 그 선수는 평균대 위에서 갸우뚱하더니 곧 중심을 잡았다.
- 그는 뭔가 의심스러운지 계속 고개를 갸우뚱갸우뚱 기울였다.
- 그 애는 선생님의 설명을 못 알아들었는지 고개를 갸우뚱갸우뚱했다.

 어휘와 표현

- 의심스럽다 be doubtful 疑わしい 怀疑
- 비포장도로 unpaved road 非舗装道路 土路
- 배 ship 船 船
- 뒤집히다 turn inside out 引っくり返る 被傾覆
- 평균대 balance beam 平均台 平衡木
- 중심을 잡다 keep one's balance 重心を取る 找重心

돋보기

'갸우뚱갸우뚱'과 어울리는 표현은 '기울다', '기울이다' 등이 있고 사람과 사물에 모두 사용할 수 있다. '고개를 갸우뚱갸우뚱하다' 는 보통 잘 이해하지 못했을 때 사용한다.

절레절레

집에서……

식사 준비 됐어요, 다들 나와서 식사하세요,

성우야, 진우야, 빨리 와서 밥 먹어,

난 밥 안 먹을 거야,

또 안 먹어? 너 어제 저녁도 안 먹었잖아, 빨리 와서 먹어,

어서 먹지 왜 고개만 **절레절레** 젓고 있니?

싫어~ 싫어~

절레 절레

진우야, 밥 먹으면 아빠가 진우 자전거 태워 줄게,

여름이라 입맛이 없는 모양이에요,

정말?

의미

머리를 좌우로 자꾸 흔드는 모양

 이렇게 사용하세요

절레절레 부 | 절레절레하다 동

 예문 더 보기

- 아이는 밥이 먹기 싫다고 고개를 절레절레 저었다.

- 그렇게 고개만 절레절레하지 말고 원하는 걸 말해 보세요.

- 엄마는 고개를 절레절레하는 아이에게 억지로 약을 먹였다.

- 어머니는 고개를 절레절레 저으며 끝까지 용돈을 안 받으셨다.

- 그 여자는 그를 보자마자 고개를 절레절레 흔들더니 나가버렸다.

- 공부는 무조건 싫다고 고개를 절레절레 흔들던 아이가 많이 달라졌다.

 **어휘와 표현**

- 준비 preparation 準備 准备
- 식사하다 eat, dine 食事をする 用餐
- 젓다 stir (首を)横に振る 摇晃
- 원하다 want 望む 愿
- 억지로 by force 無理矢理 勉强
- 흔들다 shake 揺する、振る 摇

 돋보기

'절레절레'와 어울리는 표현은 '고개를 젓다', '고개를 흔들다' 등이 있다. 보통 어떤 것을 부정하거나 거부할 때 사용한다.

기웃기웃

집에서……

성우야, 너 누나 잠자는데 왜 아까부터 누나 방 앞에서 **기웃기웃**하고 있니?

쉿~ 엄마, 조용히 좀 해 주세요.

왜? 뭔데 그래?

누나가 새로 산 노트북 안 빌려 줘서 몰래 가지고 나오려고요.

쯧쯧, 왜 몰래 가지고 와, 말하고 빌려 달라고 하면 되지.

말했는데 누나가 계속 안 빌려 준다고 하잖아요.

그러니까 평소에 누나한테 좀 잘하지 그랬어?

 **의미**

무엇을 보기 위해 고개나 몸을 이쪽저쪽으로 자꾸 조금씩 기울이는 모양

 **이렇게 사용하세요**

기웃기웃 부 | 기웃기웃하다 동 형

기웃 부 | 기웃거리다 동 | 기웃대다 동 | 기웃하다 동 형

 **예문 더 보기**

- 어떤 낯선 사람이 우리 집을 기웃거리고 있다.

- 아까부터 한 남자가 자꾸 교실을 기웃기웃 보고 있다.

- 그 여자는 누구를 찾는지 여기저기를 기웃거리고 있다.

- 그렇게 밖에서 고개만 기웃하지 말고 직접 들어와서 봐라.

- 나는 하루 종일 명동에서 이 가게 저 가게를 기웃대며 다녔다.

- 괜히 여기서 기웃기웃하다가는 이상한 사람으로 오해를 받기 쉽다.

 **어휘와 표현**

- 노트북 laptop computer　ノートブック　笔记本
- 직접 directly　直接　亲自
- 낯설다 unfamiliar　見慣れない　陌生
- 교실 classroom　教室　教室
- 이상하다 strange, odd　おかしい　奇怪
- 오해 misunderstanding　誤解　误会

돋보기

'기웃기웃'과 어울리는 표현은 '보다', '엿보다' 등이 있다.
다른 사람이 알지 못하게 몰래 볼 때도 사용한다.
예 도둑은 그 집에 사람이 있는지 없는지 기웃기웃 엿보았다.

살금살금

집에서……

아함~, 지금이 몇 시지?

1:00

목이 말라서 물 한잔 마셔야겠네.

요리야, 너 지금 들어오는 거야? 지금이 몇 시니?

앗, 깜짝이야! 엄마, 아직 안 주무셨어요?

도둑고양이처럼 **살금살금** 들어오지 말고 일찍 좀 다녀.

헤헤, 미안해요, 엄마.

의미

남이 알지 못하도록 눈치를 살피면서 살며시 행동하는 모양

 이렇게 사용하세요

살금살금 〔부〕

 예문 더 보기

- 그는 살금살금 그녀의 뒤를 따라갔다.

- 도둑은 살금살금 집안으로 걸어 들어갔다.

- 친구를 놀라게 하려고 살금살금 몰래 다가갔다.

- 지각해서 살금살금 교실에 들어가다가 선생님한테 들켰다.

- 밤늦게 부모님께 들킬까봐 집안으로 살금살금 걸어 들어갔다.

- 자율학습 시간에 선생님 모르게 살금살금 교실에서 빠져 나왔다.

 **어휘와 표현**

- 목마르다 thirsty 喉が渇く 渴
- 깜짝이야! Oh my! びっくりした! 吓死我了
- 도둑고양이 stray cat 野良猫 野猫
- 집안 in the house 家の中 家里
- 다가가다 approach 近寄って行く 接近
- 자율학습 self-access study 自習 自习

 **돋보기**

'살금살금'과 어울리는 표현은 '걷다', '들어가다', '나가다', '나오다', '다가가다', '행동하다' 등이 있다.
소리가 나지 않도록 조심스럽게 움직일 때 사용한다.

후다닥 후다닥

집에서……

빠른 동작으로 뛰거나 몸을 움직이는 모양

이렇게 사용하세요

후다닥후다닥 **부** | 후다닥 **부** | 후다닥거리다 **동** | 후다닥대다 **동**
후다닥하다 **동**

예문 더 보기

- 후다닥 일을 끝내고 영화를 보러 가자.
- 아이들이 밥을 먹고 후다닥거리면서 나갔다.
- 친구는 인사를 하고 후다닥하며 사라져 버렸다.
- 아이는 학교에 늦었는지 후다닥후다닥 뛰어갔다.
- 그는 전화를 끊자마자 후다닥 밖으로 뛰어나갔다.
- 아이가 후다닥대며 서둘러 나가다가 넘어지고 말았다.

어휘와 표현

- 웬일 what matter 何事 怎么回事
- 서두르다 hurry 急ぐ 着急
- 원피스 one-piece dress ワンピース 连衣裙
- 혼내다 scold 叱る 训
- 인사 greeting 挨拶 问候
- 전화를 끊다 ring off, hang up 電話を切る 挂断电话

돋보기

'후다닥후다닥'과 어울리는 표현은 '뛰다', '뛰어가다', '뛰어나가다' 등이 있다. 어떤 일을 서둘러서 빨리 할 때 사용한다.

벌러덩벌러덩

집에서……

여보, 좀 일어나 봐요,
오늘 오후에 손님들
오시기로 했잖아요.

청소해야 하는데 이렇게 거실에
벌러덩 누워 있으면 어떻게 해요?

벌러덩

쿨쿨

이렇게 정신도 못 차릴 거면서
밤늦게까지 술은 왜 마셔요?
좀 일어나 봐요.

아이~, 시끄러워,
조금만 더 잘게,

우이잉~

안 되겠다,
그럼 최후의 방법을 써야지,
진우야~~, 엄마 좀
도와주렴,

네~,

아~, 정말 잠을 잘 수가 없네,

히힛, 성공이다~~,

104

의미

발이나 팔을 활짝 벌린 상태로 뒤로 자빠지거나 눕는 모양

이렇게 사용하세요

벌러덩벌러덩 부 | 벌러덩벌러덩하다 동 | 벌러덩 부 | 벌러덩하다 동

예문 더 보기

- 그 아이는 침대에 벌러덩벌러덩 눕기를 좋아한다.

- 남편은 피곤했는지 벌러덩 누워서 코를 골며 자고 있다.

- 주말에는 내 방에 벌러덩 누워서 실컷 잠이나 자고 싶다.

- 나는 방에 벌러덩 누워서 텔레비전을 볼 때가 제일 좋다.

- 그 강아지는 자꾸 벌러덩벌러덩하고 누우면서 재롱을 떤다.

- 그 사람은 길을 걷다가 미끄러져서 뒤로 벌러덩하고 자빠졌다.

어휘와 표현

- 손님 guest 客 客人
- 거실 living room リビングルーム 课堂
- 최후 the last 最後 最后
- 방법 way 方法 方法
- 성공 success 成功 成功
- 실컷 as much as one likes 存分に 尽情
- 미끄러지다 slip 滑る 滑倒
- 자빠지다 fall down 倒れる 摔倒

좀보기

'벌러덩'과 어울리는 표현은 '눕다', '자빠지다' 등이 있다.
'벌러덩벌러덩'은 뒤로 나자빠지거나 눕는 동작이 반복될 때
사용한다.

허우적허우적

미나의 사무실에서……

손과 발 따위를 이리저리 움직이는 모양

 이렇게 사용하세요

허우적허우적 부 | 허우적허우적하다 동

허우적 부 | 허우적거리다 동 | 허우적대다 동 | 허우적이다 동

 예문 더 보기

- 그는 허우적허우적하며 겨우 물에서 빠져 나왔다.

- 물에 빠진 여자가 허우적거리며 살려달라고 소리쳤다.

- 그 아이는 수영을 잘 못해서 허우적허우적하고만 있다.

- 한참을 물에서 허우적대던 아이는 결국 물속에 빠지고 말았다.

- 동생이 손발을 허우적거리며 수영하는 모습이 정말 우스꽝스럽다.

- 나는 물속에서 한참을 허우적이다가 친구의 도움으로 살아 나왔다.

 어휘와 표현

- 수영장 swimming pool   プール　游泳池
- 별명 nickname   別名、あだ名　別名
- 물개 seal   オットセイ　海狗
- 빠지다 fall into   溺れる　落下
- 우스꽝스럽다 ridiculous   こっけいだ　可笑

 돋보기

'허우적허우적'은 물에 빠져서 손발을 크게 움직이는 표현으로 많이 사용한다. 어려운 상황에서 빠져 나오기 위해 애쓰는 모양으로도 사용할 수 있다.

예 한동안 허우적거리던 경제가 조금씩 살아나고 있다.

훨훨

집에서……

엄마, 도서관 다녀오겠습니다.

그래, 열심히 하고 와~.

휴~, 대한민국 고3의 인생은 너무 슬프네. 이렇게 날씨가 좋은 날에 도서관에 있어야 하다니~

아~, 나도 저 새처럼 **훨훨** 자유롭게 날아갔으면……

으~, 이런~! 이제 새까지 나를 골탕 먹이네! 으으~.

새가 높이 떠서 느릿느릿 날개를 치며 시원스럽게 나는 모양

이렇게 사용하세요

훨훨 부

예문 더 보기

- 훨훨 나는 새들이 자유로워 보인다.

- 나비가 훨훨 날아서 꽃 위에 앉았다.

- 바닷가에서 갈매기들이 훨훨 날아다닌다.

- 새가 훨훨 날갯짓을 하며 내 머리 위를 돌았다.

- 나는 어젯밤 꿈속에서 하늘을 훨훨 날아다녔다.

- 사람도 새처럼 훨훨 날 수 있다면 얼마나 좋을까?

어휘와 표현

- 새 bird 鳥 鸟
- 날다 fly 飛ぶ 飞
- 골탕(을) 먹이다 play a trick on someone
  　　　　　　ひどい目に合わせる 吃亏
- 나비 butterfly 蝶 蝴蝶
- 꽃 flower 花 花
- 날갯짓 the flap of wings 羽ばたき 拍打着翅膀

엿보기

'훨훨'과 어울리는 표현은 '날다' 등이 있다.

1 다음을 맞는 것과 연결하세요.

① 훨훨 • • ㉠ 머리를 좌우로 자꾸 흔드는 모양

② 살금살금 • • ㉡ 발이나 팔을 활짝 벌린 상태로 뒤로 눕는 모양

③ 절레절레 • • ㉢ 새가 높이 떠서 날개를 치며 시원스럽게 나는 모양

④ 벌러덩벌러덩 • • ㉣ 남이 알지 못하도록 눈치를 보면서 행동하는 모양

2 다음 빈칸에 알맞은 말을 골라 써 넣으세요.

| ㉠ 끄덕끄덕 | ㉡ 허우적허우적 | ㉢ 기웃기웃 | ㉣ 후다닥 |

① 그 여자의 집을 [＿＿＿＿＿＿＿] 보다가 그녀의 아버지에게 들키고 말았다.

② 아버지는 무슨 급한 일이 있는지 아침도 안 드시고 [＿＿＿＿＿＿＿] 나가셨다.

③ 그 아이는 선생님 말씀을 듣고 고개를 [＿＿＿＿＿＿＿] 했다.

3 다음 중 알맞은 말을 골라 대화문을 완성하세요.

| ㉠ 허우적거리다 | ㉡ 갸우뚱대다 | ㉢ 기웃거리다 | ㉣ 후다닥거리다 |

① 가: 고개만 [＿＿＿＿＿＿＿] 지 말고 모르는 것이 있으면 질문하세요.

　　나: 네, 알겠어요. 선생님.

② 가: 수영장에는 잘 다녀왔니? 재미있었어?

　　나: 재미있긴…. 수영을 못해서 [＿＿＿＿＿＿＿] 기만 하다가 왔어.

③ 가: 엄마, 오빠 벌써 학교에 갔어요?

　　나: 응, 바쁜 일이 있는지 [＿＿＿＿＿＿＿] (으)면서 정신없이 나가던데.

4 학교에서 볼 수 있는 친구들의 다양한 모습을 의성어와 의태어를 사용해서 써 보세요.

7 걸을 때

또각또각

쿵쾅쿵쾅

아장아장

성큼성큼

절뚝절뚝

터덜터덜

비틀비틀

또각또각

집 앞에서……

 **의미**

구두를 신고 걸어갈 때 나는 소리나 모양

이렇게 사용하세요

또각또각 부 | 또각또각하다 동

또각 부 | 또각거리다 동 | 또각대다 동 | 또각하다 동

 **예문 더 보기**

- 문 밖에서 또각또각 걷는 발자국 소리가 들렸다.

- 밤늦은 시간이라 또각하며 걷는 소리가 더 크게 들린다.

- 복도에서 또각또각하는 선생님의 발자국 소리가 들렸다.

- 계단을 또각대며 걷는 여자들의 구둣발 소리가 시끄럽다.

- 빨리 어른이 되어 하이힐을 신고 또각거리며 걸어보고 싶다.

- 그 아이는 또각 소리만 듣고도 엄마의 발자국 소리인 줄 알아차린다.

어휘와 표현

- 휴가 holiday, vacation 休暇 休假
- 굽 heel 靴のかかと 鞋跟
- 정신없다 out of it, hectic 正気でない 没有精神
- 발자국 footprint 足跡 脚印
- 계단 stairs 階段 阶段
- 하이힐 high heels ハイヒール 高跟鞋
- 알아차리다 become aware 見抜く 发觉

 **돋보기**

'또각또각'과 어울리는 표현은 '걷다' 등이 있다. '또각또각'은 보통 여자가 하이힐을 신고 걷는 소리에 많이 사용된다.

쿵쾅쿵쾅

식당에서……

가족이 다 함께 외식하니까 정말 좋은데요, 그렇죠, 형부?

응, 정말 오랜만에 외식하니까 좋은데~

네 덕분에 이렇게 좋은 곳에도 와 보는구나.

동생 잘 두었지, 언니? 헤헤~

쿵쾅

쿵쾅

근데 아까부터 저 아이는 왜 저렇게 쿵쾅거리면서 뛰어놀지?

그러게, 시끄러워서 밥이 코로 들어가는지 입으로 들어가는지 알 수가 없네.

잘못하면 혼내기도 해야 하는데 요즘 엄마들은 그러질 않아.

요즘에는 아이들이 저렇게 뛰어놀아도 혼내지 않는 것 같아.

의미

발로 바닥을 세게 구를 때 나는 소리

 이렇게 사용하세요

쿵쾅쿵쾅 부 | 쿵쾅쿵쾅하다 동

쿵쾅 부 | 쿵쾅거리다 동 | 쿵쾅대다 동 | 쿵쾅이다 동 | 쿵쾅하다 동

 예문 더 보기

- 위층에서 뭘 하는지 쿵쾅하는 소리에 잠을 깼다.
- 아기는 윗집에서 쿵쾅이는 소리에 잠을 못 자고 있다.
- 그들 형제는 밤새 시끄럽게 쿵쾅대며 걸어 다니고 있다.
- 남학생들이 쉬는 시간마다 복도를 쿵쾅쿵쾅 뛰어다닌다.
- 식당에서 아이들이 쿵쾅쿵쾅하며 뛰어놀아서 정신이 없었다.
- 아이들이 쿵쾅거리며 뛰어노는 소리에 주말에도 쉴 수가 없었다.

 **어휘와 표현**

- 외식 dining out 外食 下馆子
- 덕분 thanks to , indebtedness おかげ 多亏
- 뛰어놀다 romp around 飛び跳ねる 赶潮
- 위층 the upper floor 上の階 上层
- 쉬다 take a rest 休む 休息
- 복도 corridor 廊下 走廊

 돋보기

 '쿵쾅쿵쾅'과 어울리는 표현은 '뛰다'와 '걷다' 등이 있다. 걷거나 뛰어서 발소리가 크게 날 때 많이 사용한다.

아장아장

공원에서……

의미

아기나 작은 동물이 천천히 걷는 모양

 이렇게 사용하세요

아장아장 부 | 아장아장하다 동

아장 부 | 아장거리다 동 | 아장대다 동

 예문 더 보기

- 아기가 아장아장 걷다가 갑자기 넘어졌다.

- 아장대며 걷는 아이를 보면 결혼하고 싶어진다.

- 그녀는 벌써 아장아장하며 걷는 손녀딸이 있다.

- 병아리들이 아장거리며 걸어오는 모습이 귀엽다.

- 아기가 한 걸음씩 아장거리며 걸을 때마다 넘어질까봐 걱정된다.

- 그 애가 아장대며 걸을 때가 엊그제 같은데 벌써 결혼할 나이가 됐다.

 **어휘와 표현**

- 나이가 들다 grow older　年を取る　上年纪
- 손녀딸 granddaughter　孫娘　孙女
- 병아리 chick　ひよこ　小鸡
- 엊그제 a couple of days ago　二、三日前　前天

 돋보기

'아장아장'과 어울리는 표현은 '걷다' 등이 있다.
보통 아기의 걸음걸이에 많이 사용한다.

117

성큼성큼

패션쇼에서……

이모, 나 패션쇼에 처음 와 보는데 너무 기대된다.

이번에 보고 재미있으면 다음에도 데리고 올게.

미나야, 저 모델 정말 멋있지?

와~ 저 남자 모델 진짜 멋있다, 이모.

성큼

성큼

그러게, **성큼성큼** 걷는 모습도 정말 멋있다.

모델들이라 그런지 걸음걸이가 다른 것 같아.

어머! 얼굴도 다 잘 생겼네, ㅎㅎ

응~ 다 연예인 같아.

의미

보폭을 넓게 해서 큰 걸음으로 걷는 모양

 이렇게 사용하세요

성큼성큼 [부] | 성큼 [부]

 예문 더 보기

- 그 사람은 내 쪽으로 성큼 걸어왔다.

- 그가 긴 다리로 성큼성큼 걸으면 모델 같다.

- 그는 말도 없이 집 안으로 성큼 걸어 들어왔다.

- 그는 시간이 없어서 그런지 성큼성큼 빨리 걷는다.

- 군인들이 발을 맞추어 성큼성큼 걷는 모습이 씩씩해 보였다.

- 부전자전이라더니 성큼성큼 걷는 모습이 꼭 아버지를 닮았다.

 어휘와 표현

- 패션쇼 fashion show ファッションショー 时装展
- 모델 model モデル 模特儿
- 걸음걸이 one's manner of walking 足取り 走路的姿势
- 잘생기다 handsome 格好いい 长得漂亮
- 다리 legs 脚 腿
- 군인 military personnel 軍人 军人
- 발을 맞추다 keep pace with a person 歩調を合わせる 统一步调
- 씩씩하다 valiant 凛々しい 朝气蓬勃

 돋보기

'성큼성큼'과 어울리는 표현은 '걷다' 등이 있다.
보폭을 넓게 해서 걸을 때 사용한다.

절뚝절뚝

사무실에서……

 **의미**

한쪽 다리가 짧거나 아파서 자꾸 저는 모양

 **이렇게 사용하세요**

절뚝절뚝 **부** | 절뚝절뚝하다 **동** | 절뚝거리다 **동** | 절뚝대다 **동** | 절뚝이다 **동**

 **예문 더 보기**

- 아이는 빙판길에서 미끄러져서 절뚝절뚝 걸었다.

- 그는 다리를 절뚝대며 아들의 결혼식에 참석했다.

- 오빠는 축구하다가 다리를 다쳐서 절뚝거리며 출근했다.

- 그는 10년 전 교통사고로 아직도 다리를 절뚝절뚝하며 걷는다.

- 그는 발을 헛디디는 바람에 다리를 다쳐서 절뚝절뚝 걷고 있다.

- 다리를 절뚝이며 걷는 아이 때문에 어머니는 항상 걱정을 하신다.

 **어휘와 표현**

- 지각 lateness　遅刻　迟到
- 삐다 sprain　挫く　扭
- 바르다 apply, put　張る、塗る　擦
- 빙판길 icy road　凍り付いた道　冰雪道路
- 교통사고 car accident　交通事故　交通事故
- 헛디디다 miss one's step　踏み外す　失足
- 다치다 get hurt　怪我をする　受伤

 **돋보기**

'절뚝절뚝'과 어울리는 표현은 '걷다' 등이 있다. 제대로 걷지 못하고 한쪽 다리를 기울이며 불편하게 걸을 때 사용한다.

터덜터덜

집 근처에서……

어? 성우 같은데? 그런데 왜 저렇게 **터덜터덜** 기운 없이 걸어가지?

성우야~

어? 누나?

성우야, 무슨 일 있어? 왜 그렇게 기운이 하나도 없어 보여?

고3의 인생이 그렇지 뭐, 요즘 좀 지치는 것 같아.

우리 동생, 많이 힘들지? 주말에 누나랑 맛있는 거 먹으러 갈까? 누나가 특별히 쏠게.

정말? 역시 누나밖에 없어.

의미

힘들거나 지쳐서 무거운 발걸음으로 힘없이 걷는 소리나 모양

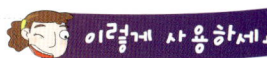 **이렇게 사용하세요**

터덜터덜 부 | 터덜터덜하다 동 | 터덜거리다 동 | 터덜대다 동

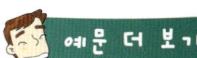 **예문 더 보기**

- 나는 터덜거리며 걷고 있는 친구를 불렀다.

- 아저씨는 시골길을 힘없이 터덜터덜 걷고 있다.

- 나는 낙엽이 떨어진 돌담길을 터덜거리며 혼자 걸었다.

- 터덜대며 걷는 남자의 뒷모습이 무척 쓸쓸하게 느껴진다.

- 그는 먼 길을 터덜터덜 걸어서 드디어 목적지에 도착했다.

- 터덜터덜하며 힘없이 걷는 아버지의 모습이 오늘따라 더 힘들어 보인다.

 **어휘와 표현**

- 기운이 없다 of little strength 元気がない 没力气
- 시골길 country lane 田舎道 乡村道路
- 낙엽 fallen leaves 落葉 落叶
- 돌담길 road surrounded by stone wall 石垣の道 石墙道儿
- 쓸쓸하다 lonely 心寒い(こころざむい) 寂寞
- 목적지 destination 目的地 目的地

 **돋보기**

'터덜터덜'과 어울리는 표현은 '걷다' 등이 있다.
어깨가 축 늘어져서 기운이 없이 천천히 걸을 때 사용한다.

비틀비틀

호프집에서…

위하여!! 위하여!! 위하여!!

우리 직원들의 사랑을 위하여!

과장님, 갑자기 웬 사랑이에요?

하하, 주연 씨는 몰라도 돼, 그런 게 있어.

어머, 대리님, 오늘 술이 너무 과하신 거 아니에요?

벌컥 벌컥!

걱정 마세요, 이 정도는 거뜬합니다, 잠깐 화장실 좀 다녀오겠습니다.

김 대리 많이 비틀비틀하는데 미나 씨가 좀 부축해 주지.

비틀 비틀

네, 제가 좀 가 볼게요.

 **의미**

몸에 힘이 없거나 어지러워서 제대로 걷지 못하고 이리저리 쓰러질 듯이 걷는 모양

 **이렇게 사용하세요**

비틀비틀 부 │ 비틀비틀하다 동 │ 비틀거리다 동 │ 비틀대다 동 │ 비틀하다 동

 **예문 더 보기**

- 나는 비틀대는 친구를 부축해서 택시에 태웠다.
- 나는 아파서 똑바로 걷지 못하고 비틀비틀 걸었다.
- 술 한 잔 했을 뿐인데 걸을 때 비틀하는 느낌이 들었다.
- 그는 술에 취해서 비틀비틀하다가 결국 쓰러지고 말았다.
- 그는 아내가 죽은 후로 매일 술에 취해 비틀거리며 다닌다.
- 연말이라 술 마시고 비틀거리며 걷는 사람들이 많이 보인다.

 **어휘와 표현**

- 호프집 bar 生ビールが飲める店 酒馆
- 직원 employee 職員 职员
- 갑자기 suddenly 突然 突然
- 과하다 excessive 過度だ 过分
- 거뜬하다 easy to handle 軽い 轻松
- 부축하다 help by holding one's arms 支える 扶
- 죽다 die 死ぬ 死
- 연말 the end of the year 年末 年末

 **돋보기**

'비틀비틀'과 어울리는 표현은 '걷다' 등이 있다. 술에 취하거나 기운이 없어서 몸을 가눌 수 없을 때 사용한다.

1 다음을 맞는 것과 연결하세요.

① 아장아장 · · ㉠ 보폭을 넓게 해서 큰 걸음으로 걷는 모양

② 성큼성큼 · · ㉡ 아기나 작은 동물이 천천히 걷는 모양

③ 비틀비틀 · · ㉢ 한쪽 다리가 짧거나 아파서 자꾸 저는 모양

④ 절뚝절뚝 · · ㉣ 제대로 걷지 못하고 이리저리 쓰러질 듯이 걷는 모양

2 다음 빈칸에 알맞은 말을 골라 써 넣으세요.

㉠ 비틀비틀	㉡ 쿵쾅쿵쾅	㉢ 터덜터덜	㉣ 또각또각

① 밤늦은 시간인데도 아이들은 잠도 안 자고 시끄럽게 [   ] 뛰어 논다.

② 그는 술을 얼마나 많이 마셨는지 [   ] 걸어가고 있다.

③ 그녀는 항상 똑같은 하이힐을 신고 [   ] 소리를 내며 복도를 걷는다.

3 다음 중 알맞은 말을 골라 대화문을 완성하세요.

㉠ 절뚝거리다	㉡ 쿵쾅대다	㉢ 터덜거리다	㉣ 아장대다

① 가: 식당에서 그렇게 뛰어놀면 안 돼. [   ]지 말고 조용히 놀아.

　 나: 알겠어요, 엄마.

② 가: 어머, 왜 그렇게 다리를 [   ] (으)면서 걸어요?

　 나: 어제 스키장에 갔다가 넘어져서 다리를 조금 다쳤어요.

③ 가: 영화가 너무 감동적이지?

　 나: 응. 마지막에 그 남자 혼자 쓸쓸하게 [   ] (으)며 걸어갈 때는

　　　 눈물이 나더라.

4 길에서 걷고 있는 사람들의 다양한 모습을 의성어와 의태어를 사용해서 써

보세요.

8 몸의 감각과 상태

꼬르륵꼬르륵

뻘뻘

콜록콜록

욱신욱신

지끈지끈

따끔따끔

까칠까칠

벌벌

꼬르륵꼬르륵

미나의 사무실에서……

벌써 점심시간인가?

과장님,
식사하러 안 가세요?

주연 씨도 같이
식사하러 가지.

전 괜찮아요,
배고프지 않아요, 과장님,
김 대리님하고
다녀오세요,

주연 씨,
요즘도 다이어트 해요?

주연 씨,
그러지 말고
같이 가요,
배고플 텐데...

꼬르룩...

악!

푸하하

주연 씨,
배에서 **꼬르룩**
소리도 나잖아요,
빨리 같이 가요,

의미

배가 고플 때 뱃속에서 나는 소리

 이렇게 사용하세요

꼬르륵꼬르륵 부 | 꼬르륵꼬르륵하다 동

꼬르륵 부 | 꼬르륵거리다 동 | 꼬르륵대다 동 | 꼬르륵하다 동

 예문 더 보기

- 저녁을 안 먹었더니 자꾸 뱃속에서 꼬르륵거린다.
- 시험을 보는데 자꾸 배에서 꼬르륵해서 창피했다.
- 배에서 계속 꼬르륵 소리가 나서 회의시간에 집중할 수 없었다.
- 밥 먹을 시간이 지나서 그런지 내 배에서 꼬르륵대는 소리가 난다.
- 난 배고프면 꼬르륵꼬르륵하는 소리가 다른 사람보다 더 크게 난다.
- 배에서 꼬르륵꼬르륵 소리가 나는 걸 보니 몹시 배가 고픈 모양이다.

 어휘와 표현

- 배고프다 be hungry お腹がすく 饿
- 다이어트 diet ダイエット 减肥
- 자꾸 repeatedly しきりに 频数
- 창피하다 shameful 恥ずかしい 丢脸
- 집중하다 concentrate 集中する 集中
- 몹시 really, badly ひどく 非常

 돋보기

'꼬르륵'과 어울리는 표현은 '소리가 나다' 등이 있다.

뻘뻘

집에서……

의미

땀을 아주 많이 흘리는 모양

이렇게 사용하세요

뻘뻘 (부)

예문 더 보기

- 살이 쪄서 그런지 조금만 움직여도 땀이 뻘뻘 난다.

- 몸이 아픈 아이는 식은땀을 뻘뻘 흘리며 자고 있다.

- 땀을 뻘뻘 흘리면서 열심히 운동했더니 기분이 좋다.

- 나는 더위를 많이 타서 여름에는 항상 땀을 뻘뻘 흘린다.

- 어젯밤에 에어컨이 고장 나서 땀을 뻘뻘 흘리며 잠을 잤다.

- 나는 열이 많은 체질이라 한겨울에도 땀을 뻘뻘 흘릴 때가 있다.

- 땀 sweat 汗 汗
- 작심삼일 a resolution good for only three days 三日坊主 三天打鱼，两天晒网
- 식은땀 cold sweat 冷や汗 冷汗
- 더위를 타다 be susceptible to summer heat 暑さに弱い 怕热
- 에어컨 air conditioner エアコン 空调
- 고장이 나다 break down 故障する 出故障
- 체질 physical constitution, physical type 体質 体质

'뻘뻘'과 어울리는 표현은 '땀을 흘리다'와 '땀이 나다' 등이 있다.

131

콜록 콜록

집에서……

여보, 집에 감기약 좀 있어?

왜요? 또 감기 걸렸어요?

아침에 운동하고 찬물로 샤워해서 그런지 콧물도 나고 기침도 나.

콜록 콜록

아이고~~ 당신이 뭐 아직 20대인 줄 알아요? 날씨가 추워졌는데 찬물로 샤워하면 어떻게 해요.

콜록콜록~ 아이고~ 머리야~

이번 감기는 아주 심하대요. 더 심해지기 전에 내일 당장 병원에 다녀와요.

그래, 알았어.

의미

감기 등으로 나오는 기침 소리

 이렇게 사용하세요

콜록콜록 🦺 | 콜록콜록하다 🔵

콜록 🦺 | 콜록거리다 🔵 | 콜록대다 🔵 | 콜록하다 🔵

 예문 더 보기

- 아이가 갑자기 콜록 기침을 했다.
- 아이는 밤새 콜록거리느라고 잠을 못 잤다.
- 감기에 걸려서 계속 콜록콜록 기침이 나온다.
- 아침부터 계속 기침을 콜록콜록하고 열도 나서 약을 먹었다.
- 그렇게 콜록대지만 말고 빨리 병원에 가서 주사라도 맞아라.
- 내가 어렸을 때 기침만 콜록해도 어머니는 나를 병원에 데리고 가셨다.

 **어휘와 표현**

- 찬물 cold water 冷たい水 冷水
- 샤워 shower シャワー 淋浴
- 기침이 나다 have a cough 咳が出る 咳嗽
- 당장 immediately 即効 过度马上
- 주사를 맞다 have(get) an injection 注射する 打针

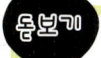 **돋보기**

 '콜록콜록'과 어울리는 표현은 '기침을 하다', '기침이 나다' 등이 있다.

욱신욱신

집에서……

엄마, 다녀오셨어요?

너는 고등학생이 공부는 안 하고 텔레비전만 보고 있니?

으~, 너무 아프네.

욱신 욱신

어디 안 좋아? 얼굴이 왜 그래?

아까부터 이가 계속 욱신거려요.

그럴 줄 알았어. 만날 콜라를 마시더니 충치가 생겼나 보네. 병원 문 닫을 시간 다 되어 가는데. 늦기 전에 얼른 갔다 와.

알았어요, 엄마.

의미

다쳐서 상처가 난 곳 등이 쑤시는 것처럼 아픈 느낌

 이렇게 사용하세요

욱신욱신 부 | 욱신욱신하다 동 | 욱신거리다 동 | 욱신대다 동

 예문 더 보기

- 비가 오려는지 다리가 욱신욱신 쑤시고 아프다.

- 충치 때문에 이가 욱신거려서 밤새 잠을 잘 못 잤다.

- 주사를 맞고 나서부터 팔이 욱신욱신 아프기 시작했다.

- 허리가 욱신대서 파스를 붙였더니 조금 나아진 것 같다.

- 책상에 앉아서 너무 오랫동안 일했더니 어깨가 욱신거린다.

- 교통사고가 나서 다친 다리가 비만 오면 지금도 욱신욱신한다.

 **어휘와 표현**

- 이 tooth 歯 牙齒
- 만날 always いつも 每天
- 충치 cavity 虫歯 虫牙
- 얼른 quickly さっさと 赶快
- 파스 pain relief patch 湿布 药膏
- 붙이다 attach, put 貼る 貼

 **돋보기**

'욱신욱신'과 어울리는 표현은 '아프다', '쑤시다' 등이 있다.
'욱신욱신'은 상처나 이, 머리, 팔다리, 무릎 등 몸의 어떤 부분이
쑤시는 것처럼 아플 때 사용한다.

지끈지끈

성우의 방에서……

성우야, 학교 가야지, 빨리 일어나.

지끈 지끈

성우야, 빨리 일어나라니까 뭐 하고 있니?

저 아파요, 엄마.

뭐? 아프다고? 어디가 어떻게 아픈 거야? 어머, 이 땀 좀 봐.

열도 많이 나네, 언제부터 이렇게 아팠어?

어젯밤부터요, 머리가 **지끈지끈** 아파서 일어날 수가 없어요.

날씨도 추운데 창문을 이렇게 열고 자니까 감기에 걸리지...

의미

머리가 쑤시듯이 아픈 모양

이렇게 사용하세요

지끈지끈 <부> ｜ 지끈지끈하다 <동> ｜ 지끈거리다 <동> ｜ 지끈하다 <동>

예문 더 보기

- 감기에 걸려서 머리가 지끈지끈 아프다.

- 원고 마감일 때문에 머리가 지끈지끈 아프다.

- 지금도 그 일만 생각하면 머리가 지끈지끈한다.

- 나는 공부하라는 말만 들으면 머리가 지끈거린다.

- 몸살이 나서 머리도 지끈지끈하고 온몸이 쑤시고 아파요.

- 말썽을 피우는 남학생 때문에 선생님은 머리가 지끈거린다고 하셨다.

어휘와 표현

- 일어나다 get up 起きる 起来
- 열이 나다 have a temperature 熱が出る 发烧
- 감기에 걸리다 catch a cold 風邪を引く 着凉
- 원고 manuscript 原稿 原稿
- 마감일 deadline 締切日 截止日
- 몸살이 나다 ache all over one's body つかれ病い が出る 浑身难受
- 말썽을 피우다 cause a trouble 問題を起こす 闹

돋보기

'지끈지끈'과 어울리는 표현은 '머리가 아프다' 등이 있다.

'지끈지끈'은 '욱신욱신'과 달리 머리가 아픈 경우에만 사용할 수 있다.

또 일이 생각대로 되지 않거나 머릿속이 복잡한 경우에도 사용한다.

<예> 그 일만 생각하면 아직도 머리가 지끈지끈 아프다.

따끔따끔

미나의 사무실에서……

의미

찔리거나 꼬집히는 것처럼 아픈 느낌

이렇게 사용하세요

따끔따끔 **부** | 따끔따끔하다 **동** **형**

따끔 **부** | 따끔거리다 **동** | 따끔대다 **동** | 따끔하다 **형**

예문 더 보기

- 가시에 찔린 손가락이 계속 따끔따끔한다.
- 감기에 걸리려고 하는지 목이 따끔따끔하다.
- 햇빛에 심하게 탔는지 등이 따끔따끔 아프다.
- 주사 맞을 때 조금 따끔했지만 별로 아프진 않았다.
- 상처가 난 곳에 약을 발랐더니 따끔거리면서 아프다.
- 스웨터만 입으면 목이 따끔대고 가려워서 입고 싶지 않다.

어휘와 표현

- 따갑다 hot, prickle ちくちく痛む、ひりひりする 火辣辣
- 햇빛 sunlight 日光 阳光
- 태우다 burn 焦げる 晒黑
- 등 back 背中 背
- 참다 be patient, bear じっと我慢する 忍住
- 얼음찜질 ice pack 氷で冷やすこと 冷敷
- 스웨터 sweater セーター 起毛衣
- 가렵다 itchy 痒い 痒

돋보기

'따끔따끔'과 어울리는 표현은 '아프다' 등이 있다.
피부나 목 등이 따가운 느낌이 날 때 사용한다.

까칠까칠

집에서……

의미

털이나 살갗이 윤기가 없고 거친 모양

이렇게 사용하세요

까칠까칠 **부** | 까칠까칠하다 **형** | 까칠하다 **형**

예문 더 보기

- 까칠한 어머니의 손을 잡으니 마음이 아팠다.
- 며칠 안 보는 사이에 그의 얼굴은 까칠해졌다.
- 겨울만 되면 피부가 건조해져서 까칠까칠하다.
- 일주일 동안 면도를 안 했더니 수염이 까칠까칠 많이 났다.
- 혼자 지내더라도 얼굴 까칠해지지 않게 잘 챙겨 먹고 다녀라.
- 시험 때문에 며칠 동안 밤을 새웠더니 얼굴이 까칠까칠해졌다.

어휘와 표현

- 뽀뽀 kiss チュー 亲
- 수염 beard ひげ 胡子
- 면도 shaving 髭を剃ること 刮脸
- 깎다 shave 剃る 刮
- 피부 skin 皮膚 皮肤
- 건조하다 dry 乾燥する 干燥
- 밤을 새우다 stay up all night 徹夜する 熬夜

다른 사람에게 친절하고 부드럽게 대하지 않는 사람에게
'성격이 까칠하다' 라는 표현을 쓰기도 한다.

벌벌

병원에서……

이진우 어린이, 들어오세요.

진우야, 들어가자.

안녕하세요, 선생님. 감기가 낫질 않고 더 심해져서 왔어요.

어디 한번 볼까? 목이 많이 부었구나.

오늘은 주사 한 대 맞아야겠는데요.

진우야, 주사 한 대만 맞으면 다 낫는대.

벌벌....

진우야, 왜 그렇게 **벌벌** 떨어. 하나도 안 아파. 우리 진우 씩씩하지.

엄마~~ 무서워.

의미

몸을 떠는 모양

이렇게 사용하세요

벌벌 부 | 벌벌거리다 동 | 벌벌대다 동

예문 더 보기

- 겁에 질린 아이는 벌벌대면서 말했다.

- 아이는 큰 개만 보면 무서워서 벌벌 떤다.

- 화가 난 여자는 화를 참느라 몸을 벌벌 떨었다.

- 한 시간 동안 밖에 서 있었더니 추워서 몸이 벌벌 떨린다.

- 그는 사장님 앞에만 서면 무서워서 벌벌거리며 말을 못 한다.

- 날씨도 추운데 벌벌거리며 떨지 말고 옷을 따뜻하게 입고 다녀라.

어휘와 표현

- 붓다 swell 腫れる 肿
- 겁 fear, fright 怯 懦怯
- 질리다 be sick of 血の気が引く 吓坏
- 떨다 tremble ふるわす 发抖
- 사장님 president 社長 社长
- 얇다 thin うすい 薄

돋보기

'벌벌'과 어울리는 표현은 '떨다' 등이 있다.
추위나 두려움, 흥분 등으로 몸을 떨 때 사용한다.

143

1 다음을 맞는 것과 연결하세요.

① 뻘뻘   •   • ㉠ 땀을 많이 흘리는 모양

② 벌벌   •   • ㉡ 머리가 쑤시듯이 아픈 모양

③ 까칠까칠   •   • ㉢ 털이나 살갗이 윤기가 없고 거친 모양

④ 지끈지끈   •   • ㉣ 추위나 두려움, 흥분 등으로 몸을 떠는 모양

2 다음 빈칸에 알맞은 말을 골라 써 넣으세요.

> ㉠ 꼬르륵   ㉡ 콜록콜록   ㉢ 욱신욱신   ㉣ 까칠까칠

① 감기에 걸려서 일주일째 [　　　　　　　] 기침을 하고 있다.

② 점심시간이 다가오자 배에서 [　　　　　　　] 소리가 났다.

③ 충치가 생겼는지 어젯밤부터 이가 계속 [　　　　　　　] 아프다.

3 다음 중 알맞은 말을 골라 대화문을 완성하세요.

> ㉠ 꼬르륵대다   ㉡ 벌벌거리다   ㉢ 따끔거리다   ㉣ 지끈거리다

① 가: 밖에 날씨가 많이 추워요? 왜 그렇게 [　　　　　　] (으)면서 들어와요?

    나: 일기예보에서 날이 풀린다고 해서 얇게 입었더니 너무 춥네요.

② 가: 가시에 찔린 곳은 어때요?

    나: 아직도 좀 [　　　　　　] 기는 하는데 심하지는 않아요.

③ 가: 내일이 논문 발표라고 했지요? 준비 잘 하고 있어요?

    나: 논문 발표 때문에 신경을 너무 써서 그런지 머리가 [　　　　　　] 어/아요.

4 여러분은 겨울에 감기에 걸려본 적이 있습니까? 그때 여러분의 몸이 어땠는지 의성어와 의태어를 사용해서 써 보세요.

9 심리상태

싱숭생숭

조마조마

철렁철렁

주뼛주뼛

두근두근

뒤숭숭

싱숭생숭

미나의 방에서……

의미

마음이 들떠서 어수선한 모양

 이렇게 사용하세요

싱숭생숭 **부** | 싱숭생숭하다 **형**

 예문 더 보기

- 가을이 되니까 기분이 싱숭생숭하고 쓸쓸하다.

- 친구들이 하나둘씩 결혼해서인지 마음이 싱숭생숭하다.

- 언니는 내일 소개팅을 한다고 싱숭생숭 마음이 들떠 있다.

- 입대한 후 첫 휴가라 마음도 싱숭생숭하고 무척 기다려진다.

- 눈이 오는 날엔 왠지 어린아이처럼 기분이 들뜨고 싱숭생숭하다.

- 나도 이제 대학생이 된다고 생각하니 벌써부터 마음이 싱숭생숭하다.

 **어휘와 표현**

- 인생무상 transience of life 人生無常 人生无常
- 멍하다 vacant ぼうっとする 恍惚
- 남다 remain 残る 剩下
- 소개팅 blind date 紹介によるデート 相亲
- 입대하다 enter the army 入隊する 参军
- 왠지 somehow 何故か 不知怎
- 들뜨다 be excited そわそわする 心浮

  **돋보기**

'싱숭생숭'은 마음이 가라앉지 않는 상태를 표현하는 말로, 좋은 감정으로 들뜰 때도 쓸 수 있고 걱정이나 불안한 감정일 때도 쓸 수 있다.

조마조마

성우의 등교길……

늦으면 안 되는데 큰일 났다.

조마

조마

유~ 살았다. 겨우 도착했네~

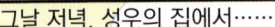

그날 저녁, 성우의 집에서……

오늘 모의고사는 잘 봤니?

?

네, 지난번보다 잘 본 것 같아요.

너 오늘도 늦게 일어났는데 지각하진 않았어?

지각할까 봐 **조마조마**했는데 시간에 맞춰서 겨우 교실에 들어갔어요.

그러다가 입시 보는 날에도 지각하면 어떻게 하니? 제발 일찍 좀 일어나~~

헤헤, 알겠어요.

 **의미**

곧 일어날 일이 걱정이 되어 마음이 불안한 모양

 이렇게 사용하세요

조마조마 부 | 조마조마하다 형

 예문 더 보기

- 동생은 거짓말한 걸 들킬까 봐 조마조마하고 있다.

- 약속 시간에 늦을까 봐 조마조마했는데 다행히 늦지 않았다.

- 그는 조마조마 불안한 마음으로 시험 결과를 기다리고 있다.

- 실수할까 봐 조마조마 마음을 졸였는데 다행히 무사히 끝났다.

- 요즘 입시 걱정 때문에 조마조마해서 공부가 잘 되지 않는다.

- 취직시험에 떨어질까 봐 조마조마했는데 합격해서 기분이 정말 좋다.

 **어휘와 표현**

- 모의고사 mock test 模擬試験 模拟考试
- 입시 entrance examination 入試 考试
- 거짓말 lie うそ 假话
- 들키다 be(get) caught みつかる 被发觉
- 결과 result 結果 结果
- 마음을 졸이다 fret one's guts 気を揉む 焦心

 **돋보기**

'조마조마'와 어울리는 표현은 '불안하다', '마음을 졸이다' 등이 있다.

149

철렁철렁

승용차 안에서……

여보, 졸려요?

점심을 먹었더니 나른하네.

졸음운전이 음주운전보다 더 위험하대요, 많이 피곤하면 내가 할까요?

아니야, 괜찮아.

어멋! 여보,
오토바이
조심해요.

끼익

휴~ 가슴이 **철렁**했네.
차 세워요,
내가 운전할게요.

휴~ 그래, 오늘은 당신이 하는 게 낫겠어.

끼잉익

철렁

철렁

 의미

어떤 일에 놀라서 마음이 무거워지는 모양

 이렇게 사용하세요

철렁철렁 부 | 철렁철렁하다 동 형
철렁 부 | 철렁거리다 동 | 철렁대다 동 | 철렁이다 동 | 철렁하다 동 형

예문 더 보기

- 나는 사고 소식을 듣고 너무 놀라서 가슴이 철렁 내려앉았다.

- 아이가 넘어질 때마다 다칠까봐 가슴이 철렁철렁 내려앉는다.

- 연세가 많으신 어머니가 전화를 안 받으시면 가슴이 철렁철렁한다.

- 교통사고가 난 이후로 자동차 경적 소리만 들어도 가슴이 철렁거린다.

- 그는 이제 더 이상 부모님의 가슴을 철렁이게 하는 철없는 아이가 아니다.

- 아버지가 큰 병에 걸린 줄 알고 가슴이 철렁했는데 다행히 건강하시다고 한다.

어휘와 표현

- 나른하다 drowsy だるい 乏力
- 졸음운전 doze off while driving 居眠り運転 疲劳驾驶
- 음주운전 drink driving 飲酒運転 酒后驾驶
- 위험하다 dangerous 危険だ 危险
- 가슴이 내려앉다 be greatly surprised びっくりする 瘫软
- 경적 horn クラクション 警笛
- 철없다 childish 思慮分別がつかない 不懂事

 돋보기

'철렁철렁'과 어울리는 표현은 '가슴이 내려앉다' 등이 있다.
'철렁철렁'은 어떤 일 때문에 아주 놀랐을 때 사용한다.

주뼛주뼛

호프집에서……

김 대리, 오늘 미나 씨한테 고백한다고 했지? 선물은 준비했어?

네, 과장님, 걱정하지 마세요.

김 대리, 저기 미나 씨 온다. 오늘은 꼭 성공해야 돼~.

어머, 두 분 많이 기다리셨죠? 늦어서 죄송해요.

주뼛

주뼛

아, 네.

김 대리, 뭐해? 미나 씨한테 술 한잔 주지 않고.

김 대리, 미나 씨한테 뭐 할 말 있다면서? 왜 그렇게 말을 못하고 주뼛주뼛하고 있어?

아~ 미나 씨, 지금 준비하고 있는 프로젝트 잘 되고 있어요?

아~ 이 바보~!

의미

부끄럽거나 자신 없어서 망설이거나 어색하게 행동하는 모양

이렇게 사용하세요

주뼛주뼛 부 | 주뼛주뼛하다 동 형

주뼛거리다 동 | 주뼛대다 동 | 주뼛하다 동 형

예문 더 보기

- 그는 나에게 주뼛주뼛하며 선물을 건넸다.

- 주뼛대며 서 있지만 말고 자신 있게 말해 봐라.

- 사람들이 노래를 시키자 그는 주뼛주뼛하며 자리에서 일어났다.

- 그 남자는 소개팅 자리에서 주뼛주뼛 어색하게 앉아 있기만 했다.

- 나는 면접 볼 때 자신 없이 주뼛거리다가 결국 시험에 떨어지고 말았다.

- 옛날에는 사람들 앞에만 서면 주뼛하곤 했는데 지금은 전혀 그렇지 않다.

어휘와 표현

- **고백하다** confess 告白する 表白
- **성공하다** succeed 成功する 成功
- **프로젝트** project プロジェクト 项目
- **어색하다** feel awkward ぎこちない 不自然
- **건네다** hand over 渡す 交给
- **면접을 보다** have an interview 面接を受ける 面试
- **결국** finally 結局 结局

돋보기

'주뼛주뼛'은 다양한 동사들과 같이 사용할 수 있는데, 자신감 없이 어색하게 행동할 때 사용한다.

두근두근

레스토랑에서……

의미

가슴이 자꾸 뛰는 모양

 이렇게 사용하세요

두근두근 **부** | 두근두근하다 **동** | 두근거리다 **동** | 두근대다 **동**

 예문 더 보기

- 합격자 발표가 시작되자 가슴이 두근두근 뛰었다.

- 가슴이 두근대는 사랑을 다시는 할 수 없을 것 같다.

- 내 순서가 다가오자 긴장돼서 두근두근 가슴이 뛰었다.

- 교통사고가 난 것을 본 후로 지금까지 가슴이 두근거린다.

- 나는 가슴이 두근두근 뛰어서 그에게 할 말도 다 못하고 왔다.

- 오늘 수업 시간에 발표할 때 가슴이 너무 두근거려서 실수할 뻔했다.

 **어휘와 표현**

- 자리 seat, place 席 位置
- 마련하다 prepare 準備する 准备好
- 숨기다 conceal 隠す 藏
- 가슴이 뛰다 one's heart flutters 胸がときめく 心跳
- 발표 announcement 発表 发表
- 사랑 love 愛 爱情
- 순서 order 順序 顺序
- 설레다 flutter, be excited ドキドキする 不平静

  **돋보기**

'두근두근'과 어울리는 표현은 '가슴이 뛰다' 등이 있다. '조마조마'는 곧 일어날 일에 대한 불안한 감정이지만 '두근두근'은 사랑, 긴장감, 불안함 등 여러 감정에 사용할 수 있다.

뒤숭숭

집에서……

여보, 오늘 운전 조심하고 일찍 들어오세요.

좀 늦을 것 같은데, 오늘 친구들 모임 있는 날이잖아.

당신 오늘 왜 그래? 무슨 일이 있어?

되도록 술 조금만 마시고 일찍 들어와요.

어젯밤 꿈이 좀 안 좋아서 기분이 뒤숭숭해요. 조심해서 나쁠 거 없잖아요.

무슨 꿈을 꾸었는데 그래?

별일 아니에요. 출근 시간 늦겠어요. 저녁에 얘기할게요. 조심해서 다녀오세요.

그래, 이따 봐요.

느낌이 좋지 않아 마음이 어수선하고 불안한 모양

 이렇게 사용하세요

뒤숭숭 ⓑ | 뒤숭숭하다 ⓗ

 예문 더 보기

- 나는 마음이 뒤숭숭할 때면 성당에 간다.
- 그 소식을 듣자 마음이 뒤숭숭하고 언짢았다.
- 요즘 세상 돌아가는 모양이 뒤숭숭 어수선하다.
- 아내가 아파서 그런지 기분이 뒤숭숭하고 신경이 쓰인다.
- 꿈자리가 뒤숭숭해서 오늘은 집에 일찍 들어가려고 한다.
- 나는 마음이 뒤숭숭 불안해서 일을 제대로 할 수가 없었다.

 어휘와 표현

- 모임 gathering 集まり 聚会
- 꿈을 꾸다 have a dream 夢を見る 做梦
- 불안하다 uneasy, anxious 不安だ 不安
- 성당 Catholic church 聖堂 天主教教堂
- 언짢다 feel displeased 不快だ 不是滋味儿
- 세상 society, world 世の中 世上
- 신경이 쓰이다 on one's mind 気になる 淘神
- 꿈자리 dream 夢見 梦兆

 돋보기

'뒤숭숭'과 어울리는 표현은 '불안하다', '어수선하다' 등이 있다.
'뒤숭숭'은 불안하거나 예감이 좋지 않을 때 많이 쓰지만, '싱숭생숭'은
심리적으로 설레서 들뜨거나 마음이 어수선할 때 모두 사용할 수 있다.

1 다음을 맞는 것과 연결하세요.

① 주뼛주뼛 •   • ㉠ 가슴이 자꾸 뛰는 모양

② 싱숭생숭 •   • ㉡ 마음이 들떠서 어수선한 모양

③ 두근두근 •   • ㉢ 어떤 일에 놀라서 마음이 무거워지는 모양

④ 철렁철렁 •   • ㉣ 자신 없어서 망설이거나 어색하게 행동하는 모양

2 다음 빈칸에 알맞은 말을 골라 써 넣으세요.

| ㉠ 조마조마 | ㉡ 주뼛주뼛 | ㉢ 철렁 | ㉣ 싱숭생숭 |

① 소개팅에 나갈 생각을 하니 벌써부터 마음이 [   ] 들뜬다.

② 사고가 났다는 말을 듣자 가슴이 [   ] 내려앉는 것만 같았다.

③ 입사시험에 떨어질까봐 [   ] 마음을 졸였는데 다행히 합격해서 기쁘다.

3 다음 중 알맞은 말을 골라 대화문을 완성하세요.

| ㉠ 주뼛거리다 | ㉡ 뒤숭숭하다 | ㉢ 철렁대다 | ㉣ 두근두근하다 |

① 가: 갑자기 왜 휴가를 내려고 하는 거예요?

　나: 꿈자리가 [   ] 어/아서 어머니한테 좀 가 보려고요.

② 가: 주말에 맞선은 잘 봤어요? 상대가 맘에 들었어요?

　나: 남자가 너무 [   ] 기만하고 말을 별로 안 해서 재미가 없었어요.

③ 가: 운전할 줄 알면서 왜 운전을 안 해요?

　나: 전에 교통사고가 한 번 난 이후로 운전만 하면 가슴이 [   ] 어/아서

　　운전을 못 하겠어요.

4 시험을 보기 전이나 시험을 본 후에 기분이 어땠는지 의성어와 의태어를

사용해서 써 보세요.

Ⅱ 사물

보글보글	부릉부릉
쨍그랑쨍그랑	반짝반짝
똑똑	펄럭펄럭
쾅쾅	울퉁불퉁
찰칵찰칵	흔들흔들
따르릉따르릉	

보글보글

집에서……

적은 양의 액체가 야단스럽게 끓는 소리나 모양

 이렇게 사용하세요

보글보글 부 ㅣ 보글보글하다 동 ㅣ 보글거리다 동 ㅣ 보글대다 동

 예문 더 보기

● 냄비에서 미역국이 보글보글 끓고 있다.

● 광고에서 라면이 보글대며 끓는 소리가 맛있게 난다.

● 조금 전에 올려놓은 물이 어느새 보글보글하며 끓고 있다.

● 전화를 하느라고 찌개가 보글보글 끓어서 넘치는 줄도 몰랐다.

● 오늘같이 날씨가 추운 날은 보글보글 끓인 김치찌개가 생각난다.

● 보글거리는 된장찌개를 먹을 때면 돌아가신 어머니 생각이 난다.

 어휘와 표현

● 된장찌개 bean-paste pot stew 味噌チゲ 大酱汤
● 차리다 set 用意して調える 准备
● 끓다 boil 沸く 开锅
● 역시 as expected やはり 原来
● 미역국 seaweed soup わかめスープ 海带汤
● 넘치다 overflow 溢れる 淤

 돋보기

'보글보글'과 어울리는 표현은 '끓다' 등이 있다.
물이나 국, 라면, 찌개 등이 끓을 때 사용한다.

161

쟁그랑 쟁그랑

집에서……

 **의미**

유리나 금속 등이 떨어지거나 부딪칠 때 나는 소리

 **이렇게 사용하세요**

쨍그랑쨍그랑 부 │ 쨍그랑쨍그랑하다 동

쨍그랑 부 │ 쨍그랑거리다 동 │ 쨍그랑대다 동 │ 쨍그랑하다 동

 **예문 더 보기**

- 아이가 던진 야구공에 유리창이 쨍그랑 깨졌다.

- 돼지 저금통에 동전을 넣자 쨍그랑거리는 소리가 났다.

- 누나는 설거지를 할 때마다 쨍그랑쨍그랑 그릇을 깬다.

- 컵이 쨍그랑하고 깨지는 소리에 엄마는 놀라서 부엌으로 나오셨다.

- 구세군 종소리가 쨍그랑댈 때면 한 해가 가는 것이 아쉽게 느껴진다.

- 걸을 때마다 호주머니에 있는 동전이 쨍그랑쨍그랑하며 소리가 난다.

 **어휘와 표현**

- 설거지 dish-washing 皿洗い 洗碟子
- 깨뜨리다 break 割る 打破
- 침착하다 calm, poised 落ち着く 沉着
- 덜렁대다 be careless そそっかしい 马大哈
- 남아나다 be left 残る 剩下
- 야구공 baseball 野球のボール 棒球
- 구세군 the Salvation Army 救世軍 救世军

돋보기

'쨍그랑쨍그랑'과 어울리는 표현은 '깨다', '깨지다' 등이 있다.
접시나 컵 등이 깨질 때도 사용하고, 동전이나 종 등이
부딪힐 때도 사용한다.

163

똑 똑

집에서……

단단한 물체를 가볍게 두드리는 소리

 이렇게 사용하세요

똑똑 **부**

 예문 더 보기

- 누군가 내 방문을 똑똑 두드리는 소리가 났다.

- 잠을 자다가 똑똑 문을 두드리는 소리에 깼다.

- 자녀의 방에 들어갈 때도 똑똑 노크를 해야 한다.

- 화장실 문을 똑똑 두드렸지만 아무 대답이 없었다.

- 나는 밖에서 똑똑 노크하는 소리가 나서 들어오라고 했다.

- 도서관에서 떠드는 사람이 있어서 책상을 똑똑 두드려서 주의를 주었다.

 어휘와 표현

- 수학 mathematics 数学 数学
- 두드리다 rap, beat 叩く 敲
- 자녀 children 子女 子女
- 노크하다 knock ノックする 敲门
- 화장실 restroom トイレ 洗手间
- 떠들다 make noise 騒ぐ 喧哗

 돋보기

'똑똑'과 어울리는 표현은 '두드리다', '노크하다' 등이 있다.
손으로 문이나 탁자 등을 두드릴 때 사용한다.

쾅쾅

집에서……

아이~ 정말 그만 좀 하라니까, 아침부터 바가지 좀 긁지 마.

당신이 잘하면 내가 바가지를 긁어요?

안 하겠다고 하는데 왜 계속 잔소리야? 에이~

쾅!

아침 차려 놓았는데 아침도 안 먹고 가요?

언니, 아침부터 왜 그래? 형부 화나셨나 봐. 문을 쾅 닫고 나가시네.

친구가 사업하는데 보증을 서 주겠다고 하지 뭐야. 그래서 잔소리 좀 했더니 아침도 안 먹고 나가는 거야.

우리 형부는 마음이 너무 착해서 탈이야. 언니가 좀 참아. 안 하신다고 했다며……

이게 참을 일이니?

 **의미**

무거운 물체가 다른 물체와 부딪쳐 울리는 소리

 **이렇게 사용하세요**

쾅쾅 부ㅣ 쾅쾅거리다 동 ㅣ 쾅쾅대다 동 ㅣ 쾅 부

 **예문 더 보기**

- 바람이 불어서 문이 갑자기 쾅 닫혔다.

- 그는 화가 나서 주먹으로 식탁을 쾅쾅 내리쳤다.

- 옆방에서 쾅쾅대는 소리가 나서 잠이 일찍 깼다.

- 술에 취한 남자가 대문을 쾅쾅 발로 차고 있었다.

- 옆집에서 집수리를 해서 쾅쾅거리는 소리가 시끄럽게 난다.

- 문을 쾅쾅 두드렸지만 안에 아무도 없는지 아무 소리도 안 들렸다.

 **어휘와 표현**

- 바가지를 긁다 nag someone がみがみ言う 责骂不休
- 잔소리 nagging, nitpicking 小言 啰嗦
- 사업 business 事業 事业
- 보증을 서다 give security for 保証人になる 承保
- 탈 problem 問題 问题
- 내리치다 hit, strike 殴りつける 往下捶打
- 대문 gate 表の門 大门

 **돋보기**

'쾅쾅'과 어울리는 표현은 '소리가 나다', '문을 닫다' 등이 있다. 단단한 물체가 바닥에 떨어지거나 물체끼리 부딪힐 때 크게 나는 소리이다.

찰칵찰칵

효리의 방에서……

요리야,
뭐 하니?

사진 찍는 중이에요,
이모, 마침 잘 왔어요.

왜?
무슨 일인데?

내가 혼자
찍으려고
하니까 사진이
잘 안 나와서요.
이모가 내 얼굴
좀 예쁘게 찍어
줘요.

그런데 갑자기
웬 사진이야?

승기가 군대에서 본다고 사진 좀
보내 달래서 예쁘게 찍어서
보내 주려고요. 호호.

그래서 방 안에서
화장하고 차려입고
있었구나. 못 말려~.

의미

사진을 찍을 때나 문을 잠글 때 나는 소리나 모양

이렇게 사용하세요

찰칵찰칵 부 | 찰칵찰칵하다 동

찰칵 부 | 찰칵거리다 부 | 찰칵대다 동 | 찰칵이다 동 | 찰칵하다 동

예문 더 보기

- 찰칵 문을 잠그는 소리가 났다.

- 여기저기서 찰칵찰칵 사진을 찍는 사람들이 많았다.

- 그는 찰칵이는 카메라에 찍히지 않으려고 얼굴을 가렸다.

- 사진을 찍을 때 찰칵거리는 소리와 함께 눈을 감아버렸다.

- 카메라가 찰칵댈 때마다 그녀는 다른 자세로 포즈를 취했다.

- 그 배우가 결혼 발표를 하는 동안 기자들이 찰칵찰칵하며 사진을 찍어댔다.

어휘와 표현

- 사진을 찍다 have one's picture taken 写真を撮る 拍照片
- 이모 aunt 母の姉妹 姨妈
- 차려입다 dress up 着飾る 打扮
- 못 말리다 out of control あきれる 不能阻挡
- 잠그다 fasten 鍵をかける 锁
- 포즈를 취하다 take one's pose ポーズをとる 摆姿势

돋보기

'찰칵'과 어울리는 표현은 '사진을 찍다', '문을 잠그다' 등이 있다.
'찰칵'은 '찰카닥'의 줄임말이다.

따르릉따르릉

미나의 사무실에서……

의미

전화벨이나 자명종이 울리는 소리

 이렇게 사용하세요

따르릉따르릉 부 | 따르릉따르릉하다 동 | 따르릉거리다 동 | 따르릉대다 동

 예문 더 보기

- 그녀는 따르릉거리는 소리가 나자마자 전화를 받았다.
- 전화벨 소리가 따르릉따르릉 울리는데도 그녀는 받지 않았다.
- 따르릉거리는 전화벨 소리 때문에 수업시간에 선생님께 혼났다.
- 나는 따르릉대는 휴대폰 벨 소리가 싫어서 진동으로 해 놓았다.
- 전화벨 소리가 따르릉따르릉 났지만 나는 듣지 못하고 계속 잤다.
- 자명종 소리가 따르릉따르릉했지만 끄고 다시 잠을 자서 지각했다.

어휘와 표현

- 여기저기 here and there あちこち 这里那里
- 소리가 나다 sound, ring 音が出る 响
- 전화벨 telephone ring 電話のベル 电话铃
- 울리다 ring 鳴る 响
- 진동 vibration 振動 震动
- 자명종 alarm 目覚まし時計 闹钟

'따르릉따르릉'과 어울리는 표현은 '소리가 나다', '울리다'
등이 있다.

171

부릉부릉

승용차 안에서……

의미

자동차나 오토바이 등의 시동을 걸 때 나는 소리

 이렇게 사용하세요

부릉부릉 부 | 부릉부릉하다 동 | 부릉거리다 동 | 부릉대다 동

 예문 더 보기

- 집 앞에서 트럭 한 대가 부릉부릉 소리를 내고 있었다.
- 부릉대며 빨리 달리는 오토바이가 너무 위험해 보인다.
- 동생은 자동차가 부릉거리는 소리를 듣고 밖으로 달려 나갔다.
- 부릉부릉 시동을 걸어보지만 차는 움직일 생각을 하지 않는다.
- 부릉부릉하고 오토바이가 지나갈 때면 시끄러워서 짜증이 난다.
- 학교 안에서 부릉부릉하면서 오토바이를 타고 다니는 학생이 많아졌다.

 **어휘와 표현**

- 시동을 걸다 start up a car　エンジンをかける　启动
- 정비하다 tune up a car　整備する　保养
- 카센터 car repair shop　カーセンター　修理车间
- 가는 날이 장날 bad timing　「思いがけない事が偶然重なる」という
  意味の諺　不巧不成事儿
- 짜증이 나다 get annoyed　むかつく　厌烦

  **돋보기**

'부릉부릉'과 어울리는 표현은 '소리가 나다', '시동을 걸다' 등이
있다. '부르릉부르릉'의 줄임말이다.

반짝반짝

레스토랑에서……

의미

작게 빛나는 모양

이렇게 사용하세요

반짝반짝 부 | 반짝반짝하다 동 형

반짝거리다 동 | 반짝대다 동 | 반짝이다 동 | 반짝하다 동

예문 더 보기

• 자동차 불빛이 멀리서 반짝반짝 빛나고 있다.

• 그가 웃을 때마다 금으로 해 넣은 이가 반짝댄다.

• 맛있는 것을 사 준다는 말에 동생은 눈이 반짝했다.

• 나는 반짝이는 보석들을 보면 사고 싶은 충동이 생긴다.

• 그녀는 반짝거리는 다이아몬드 반지를 선물 받고 무척 좋아했다.

• 연말에는 반짝반짝하는 크리스마스트리를 시내 여기저기에서 볼 수 있다.

• 반지 ring 指輪 戒指
• 속상하다 get upset, extreamely sorry 傷つく, 心が痛む 伤心
• 금 gold 金 金
• 보석 jewel 宝石 宝石
• 충동 impulse 衝動 冲动
• 다이아몬드 diamond ダイアモンド 金刚石
• 크리스마스트리 Christmas tree クリスマスツリー 圣诞树
• 시내 town 市内 市内

'반짝반짝'과 어울리는 표현은 '빛이 나다' 등이 있다.

크고 강하게 빛날 때는 '번쩍번쩍'을 사용한다.

예 밤새 천둥이 치고 번개가 번쩍번쩍했다.

펄럭펄럭

집에서……

집안이 왜 이렇게 춥지? 창문이 열려 있었나 보네. 아~ 추워~

와~ 커튼이 **펄럭**거린다~.

펄럭

펄럭

어머! 깜박 잊고 창문을 열고 나갔었네.

하여간 덜렁대는 건 알아줘야 돼. 오전에 보일러 켜 두었는데 다 식었잖아.

죄송해요, 엄마.

진우야, 베란다 문 좀 닫고 와 줄래?

싫어, 누나가 해.

바람 때문에 천이나 종이 등이 힘차게 날리는 소리나 모양

 이렇게 사용하세요

펄럭펄럭 부 | 펄럭펄럭하다 동 | 펄럭거리다 동 | 펄럭대다 동 | 펄럭하다 동

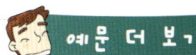 예문 더 보기

● 만국기가 바람에 펄럭펄럭 나부끼고 있다.

● 비바람이 불기 시작하자 커튼이 펄럭하고 날렸다.

● 책장이 빠르게 넘어가는 소리만 펄럭펄럭하고 났다.

● 화가 난 여자는 치마폭을 펄럭대며 계단을 내려갔다.

● 부채로 펄럭펄럭 부채질을 해도 더위는 사라지지 않는다.

● 아이는 펄럭거리며 하늘을 나는 연들을 보면서 마냥 즐거워했다.

 어휘와 표현

● 커튼 curtain　カーテン　窗帘
● 보일러 boiler　ボイラー　锅炉
● 식다 get cold　冷める　扫兴
● 베란다 veranda　ベランダ　阳台
● 만국기 the flags of all nations　万国旗　各国国旗
● 나부끼다 flutter, wave　はためく　飘扬
● 부채질 fanning　扇子やうちわで扇ぐこと　扇扇子
● 연 kite　凧　风筝

 돋보기

'펄럭'과 어울리는 표현은 '날리다', '휘날리다', '나부끼다', '넘기다' 등이 있다.
'팔락팔락'은 바람에 가볍게 날릴 때 사용한다.

울퉁불퉁

승용차 안에서……

네～에～

자~, 모두들 준비됐지? 출발하자,

여보, 어떻게 가는지 길은 알아요?

뭐가 걱정이야? 내비게이션이 있는데, 그냥 따라가기만 하면 되지,

아빠, 여긴 길이 너무 **울퉁불퉁**하네요,

아직 비포장도로라서 그래, 원래 시골길이 그렇지 뭐,

울퉁

불퉁

1234

진우야, 엉덩이 아프지 않아? 괜찮아?

길이 **울퉁불퉁**하니까 엉덩이가 흔들려서 놀이 기구 타는 것 같아, 재밌다~! 야호!

의미

물체의 겉면이 여기저기 나오고 들어간 모양

이렇게 사용하세요

울퉁불퉁 부 │ 울퉁불퉁하다 형

예문 더 보기

- 울퉁불퉁한 비포장도로를 운전하는 건 쉽지 않다.
- 나는 울퉁불퉁 튀어나온 옆구리 살 때문에 고민이다.
- 그의 얼굴에 여드름 자국이 울퉁불퉁해서 보기 흉하다.
- 노면이 울퉁불퉁한 길을 달리기 시작하자 멀미가 났다.
- 아이의 다리가 모기에 많이 물려서 빨갛고 울퉁불퉁하게 부어 있다.
- 열심히 운동해서 드디어 그의 팔에 울퉁불퉁 근육이 나오기 시작했다.

어휘와 표현

- 내비게이션 navigation ナビゲーション 地铁导游图
- 놀이 기구 ride 遊具 游乐器材
- 근육 muscle 筋肉 肌肉
- 옆구리 side 脇腹 肋下
- 여드름 acne ニキビ 青春痘
- 노면 road surface 路面 路面
- 멀미가 나다 become travel sick 乗り物酔いで吐き気を催す 晕车
- 모기 mosquito 蚊 蚊子

돋보기

'울퉁불퉁'과 어울리는 표현은 '나오다', '튀어나오다' 등이 있다. 사물뿐만 아니라 사람에게도 사용할 수 있다.

흔들흔들

집에서⋯⋯

진우야, 너 이 빨리 빼야 해.
이것 봐, 많이 **흔들**거리잖아.
그냥 내버려 두면 안 돼.
우리 병원에 가자.

싫어요,
병원에 안 갈거야~

흔들
흔들

휴~

진우 때문에 큰일이네.
이가 저렇게 **흔들흔들**하는데 빼려고
하지 않으니⋯

어떻게 하죠?

진우야,
병원에 가서 이 빼면
엄마가 로봇 장난감
사 줄게.

정말?

그럼, 아빠가 공원에
가서 자전거 타는 것도
가르쳐 줄게.

신난다~

알았어요,
빨리 가서 빼요, 히히~

180

이리저리 흔들리는 모양

이렇게 사용하세요

흔들흔들 **부** | 흔들흔들하다 **동** | 흔들 **부** | 흔들거리다 **동** | 흔들대다 **동**

예문 더 보기

- 버스가 흔들 하더니 갑자기 멈췄다.

- 지진으로 집 전체가 흔들대서 너무 놀랐다.

- 그는 술에 취해서 몸을 흔들흔들하면서 걸었다.

- 비행기가 갑자기 흔들거려서 순간 가슴이 철렁했다.

- 바람이 심하게 불어서 나뭇가지가 흔들흔들 움직인다.

- 이가 흔들거리는데도 제때에 뽑지 않아서 덧니가 나고 말았다.

어휘와 표현

- 내버려 두다 leave as it is ほうっておく 放任
- 로봇 robot ロボット 人工智能机
- 장난감 toy おもちゃ 玩具
- 자전거 bicycle 自転車 自轉車
- 지진 earthquake 地震 地震
- 나뭇가지 a bough 木の枝 樹枝
- 덧니 snaggletooth, protruding tooth 八重歯 重牙

돋보기

'흔들흔들'과 어울리는 표현은 '움직이다', '걷다' 등이 있다.
사물뿐만 아니라 사람에게도 사용할 수 있다.

1 다음을 맞는 것과 연결하세요.

① 똑똑 • • ㉠ 전화벨이나 자명종이 울리는 소리

② 쨍그랑 • • ㉡ 단단한 물체를 가볍게 두드릴 때 나는 소리

③ 부릉부릉 • • ㉢ 유리나 금속 등이 떨어지거나 부딪히는 소리

④ 따르릉따르릉 • • ㉣ 자동차나 오토바이 등이 시동을 걸 때 나는 소리

2 다음 빈칸에 알맞은 말을 골라 써 넣으세요.

㉠ 보글보글	㉡ 똑똑	㉢ 펄럭펄럭	㉣ 울퉁불퉁

① 바람이 불어서 깃발이 [   ] 나부끼고 있다.

② 공부를 하고 있는데 밖에서 누군가 방문을 [   ] 두드렸다.

③ 부엌에서 된장찌개가 [   ] 맛있게 끓고 있다.

3 다음 중 알맞은 말을 골라 대화문을 완성하세요.

㉠ 반짝거리다	㉡ 쾅쾅대다	㉢ 흔들거리다	㉣ 찰칵대다

① 가: 오늘따라 왜 이렇게 일찍 일어났어?

　 나: 아침 일찍부터 옆집에서 집수리 때문에 [   ] 어/아서 잠을 깼어.

② 가: 어제 지진이 났다면서요? 거기는 아무 일 없었어요?

　 나: 자다가 침대가 조금 [   ] 어/아서 깜짝 놀랐어요.

③ 가: 그 아이가 공부를 잘 하는 이유가 뭘까?

　 나: 수업시간에 눈을 [   ] (으)며 열심히 수업을 들으니까 그렇겠지.

4 여러분은 자동차를 타고 여행을 떠납니다. 여행을 하면서 볼 수 있는 여러 가지 사물의 모습이나 소리를 의성어와 의태어를 사용해서 써 보세요. (자동차, 길, 사진기……)

III 자연

쨍쨍

철썩철썩

부슬부슬

주르륵주르륵

울긋불긋

둥실둥실

쌩쌩

펄펄

꽁꽁

쨍쨍

집에서……

언니, 벚꽃 구경은 잘 했어?

응, 오랜만에 구경도 많이 하고 맛있는 것도 많이 먹고 좋았어.

근데, 언니 얼굴이 좀 탄 것 같은데…

말도 마, 해가 어찌나 **쨍쨍**한지 따가울 정도였어.

그것 봐, 내가 모자하고 선글라스 꼭 챙겨 가라고 했잖아.

그러게~, 네 말 들을 걸… 귀찮아서 안 가져갔더니 해가 너무 뜨겁더라고.

봄볕이 원래 더 뜨거운 거야. 그러니까 봄볕에 며느리 내보내고 가을볕에 딸 내보낸다는 말도 있잖아.

얼굴이 타서 오늘은 오이 팩 좀 하고 자야겠어.

의미

햇볕이 강하게 내리 쬐는 모양

이렇게 사용하세요

쨍쨍 (부) | 쨍쨍하다 (형)

예문 더 보기

- 햇볕은 쨍쨍했지만 기온이 낮아서 몹시 추웠다.

- 햇볕이 쨍쨍한 날에는 꼭 선크림을 발라야 해요.

- 햇볕이 쨍쨍한 바닷가에 파라솔들이 줄지어 서 있다.

- 해가 쨍쨍 비치는 바닷가는 일광욕을 즐기는 사람들로 만원이다.

- 이렇게 햇볕이 쨍쨍 내리쬐는 더운 날에는 바다에 가고 싶어진다.

- 그 아이는 비가 오지 않는 쨍쨍한 날에도 우산을 들고 학교에 온다.

어휘와 표현

- 벚꽃 cherry blossoms 桜の花 櫻花
- 선글라스 sunglasses サングラス 墨镜
- 귀찮다 troublesome 面倒臭い 麻烦
- 볕 sunlight 日向 阳光
- 며느리 daughter-in-law 嫁 儿媳妇
- 팩 face pack パック 面膜
- 일광욕 sunbathing 日光浴 日光浴
- 만원 be jammed with, be full of 满員 满员

돋보기

'쨍쨍'과 어울리는 표현은 '해가 내리쬐다', '해가 비치다' 등이 있다.

철썩철썩

바닷가에서……

많은 양의 액체가 단단한 물체에 부딪히는 소리나 모양

 이렇게 사용하세요

철썩철썩 부 | 철썩철썩하다 동

철썩 부 | 철썩거리다 동 | 철썩대다 동 | 철썩이다 동 | 철썩하다 동

 예문 더 보기

- 바람이 심하게 불어서 파도가 세게 철썩했다.

- 철썩철썩 파도치는 소리를 오랜만에 들어 본다.

- 파도가 철썩철썩하는 바다를 보면 고향 생각이 난다.

- 높은 파도가 철썩거리는데 배는 돌아오지 않고 있다.

- 어제는 커다란 파도가 철썩대며 일더니 오늘은 조용하다.

- 아이들은 양말을 벗고 철썩이는 파도 속으로 뛰어 들어갔다.

어휘와 표현

- 담그다 immerse 浸す 泡
- 바람이 불다 the wind blows 風が吹く 刮风
- 파도가 일다 the waves rise 波が立つ 扬波
- 양말 socks 靴下 袜子
- 벗다 take off 脱ぐ 脱

돋보기

'철썩철썩'과 어울리는 표현은 '파도가 치다' 등이 있다.
보통 파도치는 소리에 사용하지만, 큰 물체가 달라붙듯이
부딪히는 소리나 모양으로도 사용할 수 있다.
예 엄마는 아이의 엉덩이를 손으로 철썩철썩 때렸다.

부슬부슬

미나의 사무실에서……

이번 달도 모두 고생 많았어. 오늘 다들 특별한 일 없으면 회식하러 갈까?

하하, 좋지요.

과장님, 밖에 비가 오는 것 같은데요.

부슬

부슬

어머, 정말이네? 소리도 없이 **부슬부슬** 내려서 비 오는 줄 몰랐네요.

오늘 비 온다는 얘기도 없었는데 웬 비야? 다들 우산 가지고 오셨어요?

에이, 이 정도 비로 무슨 우산이야. 그냥 가지.

과장님, 저는 얼른 가서 우산 가져올게요. 새로 산 양복이라서 젖으면 안 되거든요.

후다닥!

많이 오지도 않는데 비 좀 맞으면 어때서 그래요?

비나 눈이 조용히 내리는 모양

 이렇게 사용하세요

부슬부슬 **부** | 부슬부슬하다 **동** | 부슬거리다 **동** | 부슬대다 **동**

 예문 더 보기

- 비가 **부슬부슬** 오다가 곧 그쳤다.

- 오늘은 아침부터 봄비가 **부슬부슬** 내렸다.

- **부슬부슬**하면서 비가 올 때는 소주 한잔이 최고다.

- 밤새 비가 **부슬**대며 내리더니 기온이 뚝 떨어졌다.

- 어제는 비가 **부슬**거리며 오더니 오늘은 화창하게 갰다.

- 나는 오늘처럼 **부슬**거리며 눈이 오는 날에는 꼭 그 찻집에 간다.

 어휘와 표현

- 회식 work-related dinner 会食 会餐
- 양복 suit スーツ 西服
- 젖다 get soaked 濡れる 湿
- (비·눈 등이) 그치다 cease, stop (雨や雪が)止む 停
- 화창하다 bright, sunny のどかだ 和畅
- (날이) 개다 clear up 晴れる 转晴
- 찻집 teahouse 喫茶店 茶馆

 돋보기

'부슬부슬'과 어울리는 표현은 '비·눈이 오다',
'비·눈이 내리다' 등이 있다.

주르륵주르륵

집에서……

의미

빗물이나 굵은 물줄기가 흐르거나 내리는 소리나 모양

 이렇게 사용하세요

주르륵주르륵 부 │ 주르륵주르륵하다 동

주르륵 부 │ 주르륵거리다 동 │ 주르륵대다 동 │ 주르륵하다 동

 예문 더 보기

- 장맛비가 주르륵주르륵하며 하루종일 내린다.
- 지붕에서 빗물이 주르륵주르륵 떨어지고 있다.
- 나는 주르륵하는 빗소리에 자다가 잠을 깨었다.
- 비가 주르륵대며 오는 날에는 부침개를 부쳐 먹고 싶어진다.
- 엄마에게 혼이 난 아이는 말없이 눈물만 주르륵 흘리며 서 있었다.
- 그의 이야기를 듣자마자 나도 모르게 눈물이 주르륵거리며 흘렀다.

 어휘와 표현

- 비를 맞다 get rained on   雨に濡れる 淋雨
- 간암 liver cancer   肝臟癌 肝癌
- 문상 condolence call   弔問 吊喪
- 장맛비 monsoon   梅雨時の雨 梅雨
- 빗소리 the sound of rain   雨音 雨声
- 부침개 vegetable pancake   フライパン等で焼いた食べ物の総称
  煎餅

  돋보기

'주르륵주르륵'과 어울리는 표현은 '비가 오다', '비가 내리다',
'눈물이 흐르다' 등이 있다.
비슷한 표현으로는 '주룩주룩'이 있다.

울긋불긋

승용차 안에서……

[첫 번째 칸]
아빠, 우리 만날 이렇게 놀러 나오자, 응?

그렇게 좋아? 알았어, 앞으로 자주 나오자.

[두 번째 칸]
언니, 형부, 저기 좀 봐요, 벌써 단풍이 **울긋불긋**하네요.

어~, 그러네.

[세 번째 칸]
여보, 오랜만에 바람 쐬러 나왔는데 당신은 기분 안 좋아?

집에 혼자 두고 온 성우가 자꾸 마음에 걸리네요…… 밥이나 잘 챙겨 먹고 있는지.

[네 번째 칸]
허허, 공부하라고 당신이 두고 왔잖아. 뭘 걱정해.

언니, 성우 시험 끝나고 여행 또 오면 되잖아. 오늘은 기왕에 이렇게 됐으니까 그냥 잊고 즐겨요. 호호.

의미

짙고 옅은 여러 가지 색깔들이 섞여 있는 모양

 이렇게 사용하세요

울긋불긋 부 | 울긋불긋하다 형

 예문 더 보기

- 나는 여드름이 많이 나서 얼굴이 울긋불긋하다.
- 가을 산은 온통 단풍으로 울긋불긋 곱게 물들었다.
- 그 가수는 항상 울긋불긋 요란한 옷을 입고 춤을 춘다.
- 온통 울긋불긋하게 물들어 있는 가을 산은 정말 아름답다.
- 면접을 보러 갈 때는 너무 울긋불긋하고 화려한 복장은 피하는 것이 좋다.
- 나는 학창시절에 진달래가 울긋불긋한 교정을 친구들과 함께 거닐곤 했다.

 **어휘와 표현**

- 단풍 autumn colors 紅葉 红叶
- 바람을 쐬다 expose oneself to the wind 気晴らしする 兜风
- 마음에 걸리다 weigh on one's mind 気になる 挂念
- 요란하다 uproarious 騒々しい 喧哗
- 화려하다 splendid 華麗だ 华丽
- 복장 attire 服装 服装
- 진달래 azalea ツツジ 金达莱
- 거닐다 stroll ぶらつく 溜达

 **돋보기**

'울긋불긋'은 색이 아주 화려하고 요란한 것을 표현할 때 사용한다. 꽃이나 단풍뿐만 아니라 옷이나 화장이 요란할 때도 사용할 수 있다.

둥실둥실

집에서……

미나야, 오늘 날씨도 좋은데 우리 드라이브 하러 갈까?

오늘 진우 때문에 못 나갈 것 같아, 내가 진우를 봐 주기로 했거든,

진우도 데리고 나와, 마침 진우 보고 싶었는데 더 잘 됐네,

그럼 그럴까?

진우야, 저기 하늘에 **둥실둥실** 떠 있는 구름이 무슨 구름이야?

저 구름? 구름이 그냥 구름이지 뭐,

저런 구름을 뭉게구름이라고 하는 거야,

오호, 진우야, 멍게가 아니고 뭉게구름이야,

뭐? 멍게 구름?

물체가 물위나 공중에 떠서 가볍게 움직이는 모양

이렇게 사용하세요

둥실둥실 부 | 둥실둥실하다 동 | 둥실 부 | 둥실거리다 동 | 둥실대다 동

예문 더 보기

- 한강에 오리 배들이 둥실둥실 떠다닌다.
- 연이 둥실거리며 하늘로 올라가고 있다.
- 종이배가 시냇물 위에서 둥실 떠가고 있다.
- 하늘에 뭉게구름이 둥실둥실하며 떠다닌다.
- 나는 어젯밤 꿈속에서 하늘을 둥실둥실 떠다녔다.
- 아이는 둥실대며 하늘로 올라가 버린 풍선을 보고 울기 시작했다.

어휘와 표현

- 뭉게구름 cumulus 入道雲 云团
- 멍게 sea squirt ホヤ 海鞘
- 오리 duck アヒル 鸭子
- 종이배 paper boat 紙で作った船 纸船
- 시냇물 stream 小川の水 小河水
- 풍선 balloon 風船 气球

돋보기

'둥실둥실'과 어울리는 표현은 '뜨다', '떠가다', '떠다니다' 등이 있다. 구름, 풍선, 연, 종이배 등의 가벼운 물체가 떠다닐 때 사용한다.

쌩쌩

미나의 사무실에서……

다녀왔습니다.

다녀오셨어요?
김 대리님.

오늘 어제보다 날씨가
더 추워진 것 같아요.
으흐흐~ 추워~
어찌나 바람이 **쌩쌩** 부는지
귀가 떨어지는 줄
알았어요.

일기예보에서 오늘 오후부터 기온이
내려갈 거라고 했어요.

저도 좀 전에 나갔다 왔는데
전 그 정도로 춥진 않던데요.

김 대리, 남자가
왜 그렇게 추위를 타?

정말 춥다니까요.
과장님~

알았어.
저녁에 소주나
한잔 하자고.

196

의미

바람이 세게 부는 소리나 모양

 이렇게 사용하세요

쌩쌩 **부** | 쌩쌩하다 **동** | 쌩 **부** | 쌩하다 **형**

 예문 더 보기

- 오전부터 찬바람이 쌩쌩 불었다.

- 날씨도 추워지고 바람도 쌩쌩하면서 불었다.

- 갑자기 바람이 쌩하고 불어서 옷깃을 여몄다.

- 우리는 겨울바람이 쌩쌩 부는 날에 스키장에 갔다.

- 바람이 쌩 불고 추운데 친구는 연락도 없이 나타나지 않고 있다.

- 나는 바람이 쌩쌩 불고 눈이 오는 날 산에 갔다가 감기에 걸렸다.

 **어휘와 표현**

- 귀가 떨어지다 biting cold とても寒い 寒冷刺骨
- 기온 temperature 気温 气温
- 추위를 타다 be sensitive to cold 寒さに弱い 怕冷
- 찬바람 cold wind 冷たい風 风寒
- 옷깃 collar 襟 衣领
- 여미다 adjust one's dress ただす 扣
- 스키장 ski resort スキー場 滑雪场
- 눈이 오다 snow 雪が降る 雪纷飞

 **돋보기**

'쌩쌩'과 어울리는 표현은 '바람이 불다' 등이 있다. 물체나 차 등이 바람을 가르면서 빠르게 지나갈 때에도 사용한다.
예 차가 고속도로를 쌩쌩 달리고 있다.

펄펄

미나의 사무실에서……

의미

눈이나 먼지, 가루가 바람에 세게 날리는 모양

 이렇게 사용하세요

펄펄 부

 예문 더 보기

- 밤새 눈이 펄펄 내리더니 길이 얼어붙었다.

- 청소를 오랫동안 안 해서 집안에서 먼지가 펄펄 난다.

- 날씨가 갑자기 흐려지더니 눈이 펄펄 내리기 시작했다.

- 오늘처럼 이렇게 눈이 펄펄 내리는 날에는 옛사랑이 생각난다.

- 자동차 한 대가 먼지를 펄펄 날리며 비포장도로를 달리고 있다.

- 흰 눈이 펄펄 내리는 밤에 시청에서 집까지 혼자 걸은 적이 있다.

 **어휘와 표현**

- 첫눈 the first snow 初雪 初雪
- 동창 alumnus 同窓生 同学
- 얼어붙다 freeze 凍りつく 冻结
- 먼지 dust ホコリ 灰尘
- 옛사랑 bygone love 昔の恋人 旧情人
- 시청 city hall 市庁(市役所) 市政厅

 돋보기

'펄펄'과 어울리는 표현은 '눈이 오다', '눈이 내리다', '눈·먼지·가루 등이 날리다' 등이 있다.

꽁 꽁

빙판길에서……

아이고, 엉덩이야,

꽁꽁

미나 씨, 왜 그래요?
어디 다쳤어요?

아니긴 뭐가 아니야,
다리 다친 것
같은데……,

아니에요,
괜찮아요.

큰일 날 뻔했네,
괜찮아?

사실은
늦어서 뛰어오다가
빙판길에서 넘어졌어,
길이 그렇게 **꽁꽁**
언 줄 몰랐어.

미나 씨, 병원 가 봐야 하는 거
아니에요? 제가 같이
가 드릴게요.

의미

물체가 단단하게 언 모양

 이렇게 사용하세요

꽁꽁 ⓒ

 예문 더 보기

- 눈이 온 후에 길이 꽁꽁 얼어서 차가 많이 밀린다.

- 찬물로 설거지를 했더니 손이 꽁꽁 얼어서 빨개졌다.

- 날씨가 추워서 옥상에 널어 둔 빨래가 꽁꽁 얼어붙었다.

- 추운 곳에서 잠을 잤더니 몸이 얼음장같이 꽁꽁 얼었다.

- 날씨가 풀리자 꽁꽁 얼어붙어 있던 고드름이 녹고 있다.

- 나는 어렸을 때 발이 꽁꽁 어는 줄도 모르고 썰매를 자주 탔다.

 **어휘와 표현**

- 엉덩이 hips 尻 屁股
- 옥상 rooftop 屋上 屋顶
- 빨래 laundry 洗濯物 洗衣服
- 얼음장 ice 氷 冰层
- 고드름 icicle つらら 冰柱
- 녹다 melt 溶ける 融化
- 썰매 sled ソリ 雪橇

 **돋보기**

'꽁꽁'과 어울리는 표현은 '얼다', '얼리다' 등이 있다.
힘주어 단단하게 묶는 모양을 나타낼 때도 사용한다.
예 손을 풀 수 없게 꽁꽁 묶었다.

1 다음을 맞는 것과 연결하세요.

① 쨍쨍 •　　　　　• ㉠ 물체가 단단하게 언 모양

② 꽁꽁 •　　　　　• ㉡ 햇볕이 강하게 내리쬐는 모양

③ 울긋불긋 •　　　　　• ㉢ 비나 눈이 조용히 내리는 모양

④ 부슬부슬 •　　　　　• ㉣ 짙고 옅은 여러 색깔들이 섞여 있는 모양

2 다음 빈칸에 알맞은 말을 골라 써 넣으세요.

㉠ 펄펄	㉡ 쌩쌩	㉢ 둥실둥실	㉣ 주르륵주르륵

① 이번 주말에도 바람이 　　　　　　 불고 추울 거라고 해요.

② 하루 종일 비가 　　　　　　 내려서 꼼짝 못하고 집에만 있었다.

③ 파란 하늘에 뭉게구름이 　　　　　　 떠다니고 있다.

3 다음 중 알맞은 말을 골라 대화문을 완성하세요.

㉠ 쨍쨍하다	㉡ 울긋불긋하다	㉢ 부슬거리다	㉣ 철썩거리다

① 가: 우리 이번 휴가 때 어디로 여행갈까?

　 나: 바다로 가요. 오랜만에 　　　　　　 는 파도소리를 듣고싶어요.

② 가: 요즘 설악산으로 단풍 구경을 가는 여행객들이 많은가 봐요.

　 나: 지금쯤 설악산에 가면 　　　　　　 단풍이 정말 아름다울 거예요.

③ 가: 옷이 젖은 걸 보니 밖에 비가 오는 모양이네요.

　 나: 네, 밖에 봄비가 　　　　　　 (으)며 내리고 있어요.

4 요즘 날씨가 어떻습니까? 의성어와 의태어를 사용하여 써 보세요.

 동물 울음소리

개 멍멍	고양이 야옹
개구리 개굴개굴	호랑이 어흥
소 음메	돼지 꿀꿀
오리 꽥꽥	참새 짹짹
닭 꼬꼬댁 꼬끼오	병아리 삐약삐약

I. 사람

1. 먹을 때
1. ❶ ㄹ ❷ ㅁ ❸ ㄴ ❹ ㄷ ❺ ㄱ
2. ❶ ㄴ ❷ ㄹ ❸ ㄷ
3. ❶ 깨작대지 말고 ❷ 벌컥거리면서 ❸ 홀짝였어요

2. 잠잘 때
1. ❶ ㄹ ❷ ㄷ ❸ ㄴ ❹ ㄱ
2. ❶ ㄷ ❷ ㄱ ❸ ㄴ
3. ❶ 쌔근거리면서 ❷ 드르렁거리며 ❸ 꾸벅대면서

3. 웃을 때
1. ❶ ㄱ ❷ ㄴ ❸ ㄹ ❹ ㄷ
2. ❶ ㄴ ❷ ㄷ ❸ ㄹ
3. ❶ 키득거리며 ❷ 싱글벙글하고 계셔 ❸ 깔깔대며

4. 울 때
1. ❶ ㄴ ❷ ㄱ ❸ ㄷ ❹ ㄹ
2. ❶ ㄷ ❷ ㄱ ❸ ㄴ
3. ❶ 훌쩍거리는 ❷ 울먹대지 ❸ 엉엉대며

5. 말할 때
1. ❶ ㄷ ❷ ㄹ ❸ ㄱ ❹ ㄴ
2. ❶ ㄹ ❷ ㄷ ❸ ㄱ
3. ❶ 속닥대는 ❷ 주절거리며 ❸ 우물쭈물하면서

6. 움직일 때
1. ❶ ㄷ ❷ ㄹ ❸ ㄱ ❹ ㄴ
2. ❶ ㄷ ❷ ㄹ ❸ ㄱ
3. ❶ 갸우뚱대지 ❷ 허우적거리기만 ❸ 후다닥거리면서

7. 걸을 때
   1. ❶ ㉝   ❷ ㉠   ❸ ㉣   ❹ ㉢
   2. ❶ ㉝   ❷ ㉠   ❸ ㉣
   3. ❶ 쿵쾅대지   ❷ 절뚝거리면서   ❸ 터덜거리며

8. 몸의 감각과 상태
   1. ❶ ㉠   ❷ ㉣   ❸ ㉢   ❹ ㉝
   2. ❶ ㉝   ❷ ㉠   ❸ ㉢
   3. ❶ 벌벌거리면서   ❷ 따끔거리기는   ❸ 지끈거려요

9. 심리상태
   1. ❶ ㉣   ❷ ㉝   ❸ ㉠   ❹ ㉢
   2. ❶ ㉣   ❷ ㉢   ❸ ㉠
   3. ❶ 뒤숭숭해서   ❷ 주뼛거리기만   ❸ 철렁대서

Ⅱ. 사물

   1. ❶ ㉝   ❷ ㉢   ❸ ㉣   ❹ ㉠
   2. ❶ ㉢   ❷ ㉝   ❸ ㉠
   3. ❶ 쾅쾅대서   ❷ 흔들거려서   ❸ 반짝거리며

Ⅲ. 자연

   1. ❶ ㉝   ❷ ㉠   ❸ ㉣   ❹ ㉢
   2. ❶ ㉝   ❷ ㉣   ❸ ㉢
   3. ❶ 철썩거리는   ❷ 울긋불긋한   ❸ 부슬거리며

ㄱ

가는 날이 장날 · · · · · · · 173
가렵다 · · · · · · · · · · · · 139
가발 · · · · · · · · · · · · · · 45
가슴이 내려앉다 · · · · · · 151
가슴이 뛰다 · · · · · · · · · 155
간암 · · · · · · · · · · · · · · 191
갈비 · · · · · · · · · · · · · · 17
감기에 걸리다 · · · · · · · · 137
갑자기 · · · · · · · · · · · · 125
개다 · · · · · · · · · · · · · · 189
거닐다 · · · · · · · · · · · · 193
거뜬하다 · · · · · · · · · · · 125
거래처 · · · · · · · · · · · · 37
거실 · · · · · · · · · · · · · · 105
거짓말 · · · · · · · · · · · · 149
걱정 · · · · · · · · · · · · · · 13
건네다 · · · · · · · · · · · · 153
건배 · · · · · · · · · · · · · · 25
건조하다 · · · · · · · · · · · 141
걸음걸이 · · · · · · · · · · · 119
겁 · · · · · · · · · · · · · · · 143
겨울 · · · · · · · · · · · · · · 136
결국 · · · · · · · · · · · · · · 153
결과 · · · · · · · · · · · · · · 149
결혼기념일 · · · · · · · · · · 15
경적 · · · · · · · · · · · · · · 151
계단 · · · · · · · · · · · · · · 113
고개 · · · · · · · · · · · · · · 33
고개를 숙이다 · · · · · · · · 61
고드름 · · · · · · · · · · · · 201

고민 · · · · · · · · · · · · · · 37
고백하다 · · · · · · · · · · · 153
고생하다 · · · · · · · · · · · 21
고이다 · · · · · · · · · · · · 69
고장이 나다 · · · · · · · · · 131
고지서 · · · · · · · · · · · · 81
고집 · · · · · · · · · · · · · · 29
고치다 · · · · · · · · · · · · 83
고함 · · · · · · · · · · · · · · 81
곧잘 · · · · · · · · · · · · · · 55
골탕을 먹이다 · · · · · · · · 109
곯아떨어지다 · · · · · · · · 29
공기 · · · · · · · · · · · · · · 17
공연 · · · · · · · · · · · · · · 79
과음하다 · · · · · · · · · · · 33
과자 · · · · · · · · · · · · · · 13
과하다 · · · · · · · · · · · · 125
괴롭다 · · · · · · · · · · · · 39
교실 · · · · · · · · · · · · · · 99
교통사고 · · · · · · · · · · · 121
구세군 · · · · · · · · · · · · 163
국밥 · · · · · · · · · · · · · · 23
군대 · · · · · · · · · · · · · · 65
군인 · · · · · · · · · · · · · · 119
군침이 돌다 · · · · · · · · · 23
굽 · · · · · · · · · · · · · · · 113
권하다 · · · · · · · · · · · · 25
귀가 떨어지다 · · · · · · · · 197
귀마개 · · · · · · · · · · · · 35
귀찮다 · · · · · · · · · · · · 185
귓속말 · · · · · · · · · · · · 75

그립다 · · · · · · · · · · 51
그치다 · · · · · · · · · · 189
근무시간 · · · · · · · · · 31
근육 · · · · · · · · · · · 179
금 · · · · · · · · · · · · 175
기분 · · · · · · · · · · · 77
기온 · · · · · · · · · · · 197
기운 · · · · · · · · · · · 123
기침 · · · · · · · · · · · 133
긴장하다 · · · · · · · · · 19
김장하다 · · · · · · · · · 21
김치찌개 · · · · · · · · · 13
깎다 · · · · · · · · · · · 141
깜짝 · · · · · · · · · · · 101
깨다 · · · · · · · · · · · 55
깨뜨리다 · · · · · · · · · 163
꽃 · · · · · · · · · · · · 109
꿈을 꾸다 · · · · · · · · 157
꿈자리 · · · · · · · · · · 157
끓다 · · · · · · · · · · · 161
끓이다 · · · · · · · · · · 23

ㄴ

나른하다 · · · · · · · · · 151
나뭇가지 · · · · · · · · · 181
나부끼다 · · · · · · · · · 177
나비 · · · · · · · · · · · 109
나이 · · · · · · · · · · · 117
나타나다 · · · · · · · · · 79
낙서 · · · · · · · · · · · 71
낙엽 · · · · · · · · · · · 123

날갯짓 · · · · · · · · · · 109
날다 · · · · · · · · · · · 109
날이 새다 · · · · · · · · 89
남다 · · · · · · · · · · · 147
남아나다 · · · · · · · · · 163
남편 · · · · · · · · · · · 31
낫다 · · · · · · · · · · · 19
낯설다 · · · · · · · · · · 99
낳다 · · · · · · · · · · · 55
내리치다 · · · · · · · · · 167
내버려두다 · · · · · · · · 181
내비게이션 · · · · · · · · 179
냄새 · · · · · · · · · · · 23
넘어지다 · · · · · · · · · 43
넘치다 · · · · · · · · · · 161
노래방 · · · · · · · · · · 81
노면 · · · · · · · · · · · 179
노총각 · · · · · · · · · · 47
노크하다 · · · · · · · · · 165
노트북 · · · · · · · · · · 99
녹다 · · · · · · · · · · · 201
놀라다 · · · · · · · · · · 19
놀이기구 · · · · · · · · · 179
놀이터 · · · · · · · · · · 29
농담 · · · · · · · · · · · 43
눈이 오다 · · · · · · · · 197
눈치 · · · · · · · · · · · 75
눕히다 · · · · · · · · · · 59
늘어놓다 · · · · · · · · · 89
늦잠 · · · · · · · · · · · 83

ㄷ

다가가다 · · · · · · · · · 101
다리 · · · · · · · · · 119
다이어트 · · · · · · · · · 129
다이아몬드 · · · · · · · · · 175
다치다 · · · · · · · · · 121
닦다 · · · · · · · · · 31
단풍 · · · · · · · · · 193
달덩이 · · · · · · · · · 23
달래다 · · · · · · · · · 71
닮다 · · · · · · · · · 39
담그다 · · · · · · · · · 187
당장 · · · · · · · · · 133
당황스럽다 · · · · · · · · · 51
대문 · · · · · · · · · 167
더위 · · · · · · · · · 131
덕분 · · · · · · · · · 115
덜렁대다 · · · · · · · · · 163
덧니 · · · · · · · · · 181
데이트 · · · · · · · · · 45
도둑고양이 · · · · · · · · · 101
도배 · · · · · · · · · 69
도서관 · · · · · · · · · 49
도시락 · · · · · · · · · 13
돌 · · · · · · · · · 67
돌담길 · · · · · · · · · 123
돌아가시다 · · · · · · · · · 65
동창 · · · · · · · · · 199
돼지보쌈 · · · · · · · · · 21
된장찌개 · · · · · · · · · 161
두드리다 · · · · · · · · · 165

뒤집히다 · · · · · · · · · 95
들뜨다 · · · · · · · · · 147
들키다 · · · · · · · · · 33, 149
등 · · · · · · · · · 139
따갑다 · · · · · · · · · 139
땀 · · · · · · · · · 131
때리다 · · · · · · · · · 85
떠들다 · · · · · · · · · 165
떨다 · · · · · · · · · 143
떼를 쓰다 · · · · · · · · · 65
뛰어놀다 · · · · · · · · · 115

ㄹ

라면 · · · · · · · · · 23
로봇 · · · · · · · · · 181

ㅁ

마감일 · · · · · · · · · 137
마련하다 · · · · · · · · · 155
마음에 걸리다 · · · · · · · · · 193
마음을 졸이다 · · · · · · · · · 149
마침 · · · · · · · · · 45
막걸리 · · · · · · · · · 15
만국기 · · · · · · · · · 177
만날 · · · · · · · · · 135
만원 · · · · · · · · · 185
만화책 · · · · · · · · · 49
말을 잘 듣다 · · · · · · · · · 19
말끝 · · · · · · · · · 71
말썽 · · · · · · · · · 137

망설이다 · · · · · · · · · · · 87

맞선 · · · · · · · · · · · 25

먼지 · · · · · · · · · · · 199

멀미가 나다 · · · · · · · · · 179

멍게 · · · · · · · · · · · 195

멍하다 · · · · · · · · · · · 147

며느리 · · · · · · · · · · · 185

면도 · · · · · · · · · · · 141

면접을 보다 · · · · · · · · · 153

모기 · · · · · · · · · · · 179

모녀 · · · · · · · · · · · 63

모델 · · · · · · · · · · · 119

모의고사 · · · · · · · · · · · 149

모임 · · · · · · · · · · · 157

목놓아 울다 · · · · · · · · · 65

목마르다 · · · · · · · · · · · 101

목소리 · · · · · · · · · · · 59

목적지 · · · · · · · · · · · 123

목젖 · · · · · · · · · · · 43

몰래 · · · · · · · · · · · 19

몸살이 나다 · · · · · · · 69, 137

몹시 · · · · · · · · · · · 129

못 말리다 · · · · · · · · · · · 169

못마땅하다 · · · · · · · · · 83

문상 · · · · · · · · · · · 191

물개 · · · · · · · · · · · 107

뭉게구름 · · · · · · · · · · · 195

미끄러지다 · · · · · · · · · 105

미역국 · · · · · · · · · · · 161

미팅 · · · · · · · · · · · 51

미혼 · · · · · · · · · · · 47

ㅂ

바가지를 긁다 · · · · · · · · · 167

바람을 쐬다 · · · · · · · · · 193

바람이 불다 · · · · · · · · · 187

바르다 · · · · · · · · · 121, 139

바보 · · · · · · · · · · · 47

반상회 · · · · · · · · · · · 67

반지 · · · · · · · · · · · 175

반찬투정 · · · · · · · · · · · 17

발을 맞추다 · · · · · · · · · 119

발음 · · · · · · · · · · · 85

발자국 · · · · · · · · · · · 113

발표 · · · · · · · · · · · 155

밤을 새우다 · · · · · · · · · 141

밤새 · · · · · · · · · · · 35

방법 · · · · · · · · · · · 105

배 · · · · · · · · · · · 95

배고프다 · · · · · · · · · · · 129

배꼽을 잡다 · · · · · · · · · 51

배꼽이 빠지다 · · · · · · · · · 51

배냇짓 · · · · · · · · · · · 55

벌리다 · · · · · · · · · · · 43

벗다 · · · · · · · · · · · 187

벚꽃 · · · · · · · · · · · 185

베란다 · · · · · · · · · · · 177

벽지 · · · · · · · · · · · 69

별명 · · · · · · · · · · · 107

별일 · · · · · · · · · · · 87

병아리 · · · · · · · · · · · 117

볕 · · · · · · · · · · · 185

보고서 · · · · · · · · · · · 47

보석 · · · · · · · · · · · · · · · 175
보일러 · · · · · · · · · · · · · 177
보증을 서다 · · · · · · · · 167
보채다 · · · · · · · · · · · · · 29
복권 · · · · · · · · · · · · · · · 53
복도 · · · · · · · · · · · · · · · 115
복장 · · · · · · · · · · · · · · · 193
부둥켜안다 · · · · · · · · · 63
부드럽다 · · · · · · · · · · · 31
부르다 · · · · · · · · · · · · · 81
부전자전 · · · · · · · · · · · 39
부채질 · · · · · · · · · · · · · 177
부축하다 · · · · · · · · · · · 125
부침개 · · · · · · · · · · · · · 191
부탁하다 · · · · · · · · · · · 87
분위기 · · · · · · · · · · · · · 69
불안하다 · · · · · · · · · · · 157
불편하다 · · · · · · · · · · · 67
불평 · · · · · · · · · · · · · · · 83
붓다 · · · · · · · · · · · · · · · 143
붙이다 · · · · · · · · · · · · · 135
비를 맞다 · · · · · · · · · · 191
비밀 · · · · · · · · · · · · · · · 77
비포장도로 · · · · · · · · · 95
빗소리 · · · · · · · · · · · · · 191
빙판길 · · · · · · · · · · · · · 121
빠지다 · · · · · · · · · · · · · 107
빨래 · · · · · · · · · · · · · · · 201
뽀뽀 · · · · · · · · · · · · · · · 141
삐다 · · · · · · · · · · · · · · · 121

ㅅ

사고 · · · · · · · · · · · · · · · 29
사나이 · · · · · · · · · · · · · 63
사라지다 · · · · · · · · · · · 55
사랑 · · · · · · · · · · · · · · · 155
사랑스럽다 · · · · · · · · · 29
사망 · · · · · · · · · · · · · · · 65
사업 · · · · · · · · · · · · · · · 167
사장님 · · · · · · · · · · · · · 143
사진을 찍다 · · · · · · · · 169
사춘기 · · · · · · · · · · · · · 83
살이 찌다 · · · · · · · · · · 17
삼수 · · · · · · · · · · · · · · · 53
삼키다 · · · · · · · · · · · · · 19
상을 타다 · · · · · · · · · · 85
상사 · · · · · · · · · · · · · · · 33
상의하다 · · · · · · · · · · · 75
샤워 · · · · · · · · · · · · · · · 133
새 · · · · · · · · · · · · · · · · · 109
새댁 · · · · · · · · · · · · · · · 55
새어나오다 · · · · · · · · · 49
생각나다 · · · · · · · · · · · 61
서두르다 · · · · · · · · · · · 103
서럽다 · · · · · · · · · · · · · 65
선글라스 · · · · · · · · · · · 185
설거지 · · · · · · · · · · · · · 163
설레다 · · · · · · · · · · · · · 155
설명 · · · · · · · · · · · · · · · 85
성공 · · · · · · · · · · · · · · · 105
성공하다 · · · · · · · · · · · 153
성당 · · · · · · · · · · · · · · · 157

성적 · · · · · · · 63
세상 · · · · · · · 157
세상모르고 자다 · · · 29
세월 · · · · · · · 51
소개팅 · · · · · · 147
소름이 끼치다 · · · 39
소리가 나다 · · · 171
소식 · · · · · · · 53
속상하다 · · · · · 175
손녀 · · · · · · · 45
손녀딸 · · · · · · 117
손님 · · · · · · · 105
손수건 · · · · · · 61
수다를 떨다 · · · · 89
수염 · · · · · · · 141
수영장 · · · · · · 107
수학 · · · · · · · 165
순서 · · · · · · · 155
숨기다 · · · · · · 155
쉬다 · · · · · · · 115
스웨터 · · · · · · 139
스키장 · · · · · · 197
스트레스 · · · · · 83
습관 · · · · · · · 83
시골길 · · · · · · 123
시내 · · · · · · · 175
시냇물 · · · · · · 195
시동을 걸다 · · · · 173
시사회 · · · · · · 61
시집 · · · · · · · 112
시청 · · · · · · · 199
식곤증 · · · · · · 33

식다 · · · · · · · 177
식사하다 · · · · · 97
식성 · · · · · · · 13
식은땀 · · · · · · 131
신경이 쓰이다 · · · 157
신세타령 · · · · · 89
실컷 · · · · · · · 105
심하다 · · · · · · 35
썰매 · · · · · · · 201
쏘다 · · · · · · · 79
쓸쓸하다 · · · · · 123
씌우다 · · · · · · 45
씩씩하다 · · · · · 119

O

악을 쓰다 · · · · · 81
안내원 · · · · · · 85
알아차리다 · · · · 113
알약 · · · · · · · 19
압수 · · · · · · · 49
야구공 · · · · · · 163
야유회 · · · · · · 35
약속 · · · · · · · 75
얇다 · · · · · · · 143
양말 · · · · · · · 187
양복 · · · · · · · 189
어색하다 · · · · · 153
억지로 · · · · · · 97
언짢다 · · · · · · 157
얼른 · · · · · · · 135
얼버무리다 · · · · 71

얼어붙다 · · · · · · · · · · · 199
얼음장 · · · · · · · · · · · · 201
얼음찜질 · · · · · · · · · · 139
업다 · · · · · · · · · · · · · · · 59
엉덩이 · · · · · · · · · · · · 201
엊그제 · · · · · · · · · · · · 117
엎드리다 · · · · · · · · · · · 63
에어컨 · · · · · · · · · · · · 131
여기저기 · · · · · · · · · · 171
여드름 · · · · · · · · · · · · 179
여미다 · · · · · · · · · · · · 197
역시 · · · · · · · · · · · · · · 161
연 · · · · · · · · · · · · · · · · 177
연말 · · · · · · · · · · · · · · 125
연예인 · · · · · · · · · · · · · 79
열이 나다 · · · · · · · · · · 137
옆구리 · · · · · · · · · · · · 179
옛사랑 · · · · · · · · · · · · 199
오리 · · · · · · · · · · · · · · 195
오해 · · · · · · · · · · · · · · · 99
옥상 · · · · · · · · · · · · · · 201
옷깃 · · · · · · · · · · · · · · 197
왠지 · · · · · · · · · · · · · · 147
외식 · · · · · · · · · · · · · · 115
요란하다 · · · · · · · · · · 193
우렁차다 · · · · · · · · · · · 59
우스꽝스럽다 · · · · · · · 107
우울증 · · · · · · · · · · · · · 37
울다 · · · · · · · · · · · · · · · 59
울리다 · · · · · · · · · · · · 171
웅변대회 · · · · · · · · · · · 85

원고 · · · · · · · · · · · · · · 137
원피스 · · · · · · · · · · · · 103
원하다 · · · · · · · · · · · · · 97
웬일 · · · · · · · · · · · · · · 103
위층 · · · · · · · · · · · · · · 115
위험하다 · · · · · · · · · · 151
유전 · · · · · · · · · · · · · · · 39
음주운전 · · · · · · · · · · 151
의심스럽다 · · · · · · · · · 95
이 · · · · · · · · · · · · · · · · 135
이를 갈다 · · · · · · · · · · · 39
이모 · · · · · · · · · · · · · · 169
이상하다 · · · · · · · · · · · 99
이상형 · · · · · · · · · · · · · 47
인사 · · · · · · · · · · · · · · 103
인상적이다 · · · · · · · · · 43
인생 · · · · · · · · · · · · · · · 93
인생무상 · · · · · · · · · · 147
인스턴트 · · · · · · · · · · · 17
일광욕 · · · · · · · · · · · · 185
일어나다 · · · · · · · · · · 137
입대하다 · · · · · · · · · · 147
입맛 · · · · · · · · · · · · · · · 17
입맛을 다시다 · · · · · · · 21
입시 · · · · · · · · · · · · · · 149

ㅈ

자꾸 · · · · · · · · · · · · · · 129
자녀 · · · · · · · · · · · · · · 165
자랑하다 · · · · · · · · · · · 53
자리 · · · · · · · · · · · · · · 155

자명종 · · · · · · · · · · · 171
자빠지다 · · · · · · · · · 105
자율학습 · · · · · · · · · 101
자전거 · · · · · · · · · · · 181
작심삼일 · · · · · · · · · 131
잔 · · · · · · · · · · · · · · · 25
잔소리 · · · · · · · · · · · 167
잘생기다 · · · · · · · · · 119
잠 · · · · · · · · · · · · · · · 37
잠그다 · · · · · · · · · · · 169
잠투정 · · · · · · · · · · · 67
장가를 가다 · · · · · · · 89
장난감 · · · · · · · · · · · 181
장맛비 · · · · · · · · · · · 191
장학금 · · · · · · · · · · · 53
재롱 · · · · · · · · · · · · · 45
재롱떨다 · · · · · · · · · 55
재우다 · · · · · · · · · · · 67
전혀 · · · · · · · · · · · · · 45
전화를 끊다 · · · · 63, 103
전화벨 · · · · · · · · · · · 171
젓다 · · · · · · · · · · · · · 97
정비하다 · · · · · · · · · 173
정신 · · · · · · · · · · · · · 33
정신없다 · · · · · · · · · 113
젖다 · · · · · · · · · · · · · 189
졸다 · · · · · · · · · · · · · 33
졸리다 · · · · · · · · 37, 67
졸음운전 · · · · · · · · · 151
종이배 · · · · · · · · · · · 195
주사 · · · · · · · · · 65, 133
죽다 · · · · · · · · · · · · · 125

준비 · · · · · · · · · · · · · 97
중심 · · · · · · · · · · · · · 95
지각 · · · · · · · · · · · · · 121
지진 · · · · · · · · · · · · · 181
지치다 · · · · · · · · · · · 59
직원 · · · · · · · · · · · · · 125
직접 · · · · · · · · · · · · · 99
진달래 · · · · · · · · · · · 193
진동 · · · · · · · · · · · · · 171
진땀 · · · · · · · · · · · · · 67
질리다 · · · · · · · · · · · 143
집수리 · · · · · · · · · · · 69
집안 · · · · · · · · · · · · · 101
집중하다 · · · · · · · · · 129
짜증이 나다 · · · · · · · 173
짠돌이 · · · · · · · · · · · 77
쭉 · · · · · · · · · · · · · · · 25
찜질방 · · · · · · · · · · · 69

ㅊ

차리다 · · · · · · · · · · · 161
차려입다 · · · · · · · · · 169
찬물 · · · · · · · · · · · · · 133
찬바람 · · · · · · · · · · · 197
참다 · · · · · · · · · · · · · 139
찻집 · · · · · · · · · · · · · 189
창피하다 · · · · · · · · · 129
챙기다 · · · · · · · · · · · 15
철이 들다 · · · · · · · · · 81
철없다 · · · · · · · · · · · 151
첫눈 · · · · · · · · · · · · · 199

체질 · · · · · · · · · · · · · 131
쳐다보다 · · · · · · · · · · · 21
최후 · · · · · · · · · · · · · 105
추위를 타다 · · · · · · · · · 197
출산 · · · · · · · · · · · · · 93
출입문 · · · · · · · · · · · · 79
출출하다 · · · · · · · · · · · 23
충고 · · · · · · · · · · · · · 93
충동 · · · · · · · · · · · · · 175
충치 · · · · · · · · · · · · · 135
취직 · · · · · · · · · · · · · 53
취하다 · · · · · · · · · · · · 15
치사하다 · · · · · · · · · · · 77
침 · · · · · · · · · · · · · · 31
침착하다 · · · · · · · · · · · 163
칭찬 · · · · · · · · · · · · · 47

ㅋ

카센터 · · · · · · · · · · · · 173
칼국수 · · · · · · · · · · · · 79
커튼 · · · · · · · · · · · · · 177
코를 골다 · · · · · · · · · · 35
코미디 · · · · · · · · · · · · 51
콧물 · · · · · · · · · · · · · 25
콩나물국 · · · · · · · · · · · 23
크리스마스트리 · · · · · · · 175
큰일이 나다 · · · · · · · · · 65
키우다 · · · · · · · · · · · · 93

ㅌ

탈 · · · · · · · · · · · · · · 167
통 · · · · · · · · · · · · · · 93
태우다 · · · · · · · · · · · · 139
퇴근하다 · · · · · · · · · · · 53
투덜대다 · · · · · · · · · · · 83

ㅍ

파도가 일다 · · · · · · · · · 187
파스 · · · · · · · · · · · · · 135
패션쇼 · · · · · · · · · · · · 119
팩 · · · · · · · · · · · · · · 185
팬 · · · · · · · · · · · · · · 79
평균대 · · · · · · · · · · · · 95
평소 · · · · · · · · · · · · · 87
포즈를 취하다 · · · · · · · · 169
표정 · · · · · · · · · · · · · 71
풀다 · · · · · · · · · · · · · 93
풍선 · · · · · · · · · · · · · 195
프로젝트 · · · · · · · · · · · 153
피로 · · · · · · · · · · · · · 55
피부 · · · · · · · · · · · · · 141
핑계 · · · · · · · · · · · · · 75

ㅎ

하루 종일 · · · · · · · · · · 29
하숙집 · · · · · · · · · · · · 75
하여간 · · · · · · · · · · · · 79
하이힐 · · · · · · · · · · · · 113
학창시절 · · · · · · · · · · · 51

한잔하다 · · · · · · · · · · · 25
한잠도 못 자다 · · · · · · · · 35
합격하다 · · · · · · · · · · · 53
햇빛 · · · · · · · · · · · · · 139
행동 · · · · · · · · · · · · · 87
헛디디다 · · · · · · · · · · · 121
헤어지다 · · · · · · · · · · · 61
형부 · · · · · · · · · · · · · 43
호프집 · · · · · · · · · · · · 125
혼내다 · · · · · · · · · · · · 103
혼자 · · · · · · · · · · · · · 49
혼잣말 · · · · · · · · · · · · 89
화나다 · · · · · · · · · · · · 77
화려하다 · · · · · · · · · · · 193
화장실 · · · · · · · · · · · · 165
화창하다 · · · · · · · · · · · 189
회식 · · · · · · · · · · · · · 189
회의 · · · · · · · · · · · · · 33
효자 · · · · · · · · · · · · · 69
후련하다 · · · · · · · · · · · 21
휴가 · · · · · · · · · · · · · 113
휴대폰 · · · · · · · · · · · · 81
휴지 · · · · · · · · · · · · · 61
흉을 보다 · · · · · · · · · · · 77
흐느끼다 · · · · · · · · · · · 63
흔들다 · · · · · · · · · · · · 97

4컷 Cartoon 한국어 〈의성어·의태어〉

초판발행	2011년 7월 15일
초판 4쇄	2022년 2월 14일

저자	이경은, 최희정
책임편집	권이준, 양승주, 김아영
펴낸이	엄태상
콘텐츠 제작	김선웅, 김현이, 유일환
마케팅	이승욱, 왕성석, 노원준, 조인선, 조성민
경영기획	마정인, 조성근, 최성훈, 정다운, 김다미, 오희연
물류	정종진, 윤덕현, 양희은, 신승진

펴낸곳	한글파크
주소	서울시 종로구 자하문로 300 시사빌딩
주문 및 교재 문의	1588-1582
팩스	0502-989-9592
홈페이지	http://www.sisabooks.com
이메일	book_korean@sisadream.com
등록일자	2000년 8월 17일
등록번호	1-2718호

ISBN	978-89-5518-949-0 14710

＊ 한글파크는 랭기지플러스의 임프린트사이며, 한국어 전문 서적 출판 브랜드입니다.

＊ 이 책의 내용을 사전 허가 없이 전재하거나 복제할 경우 법적인 제재를 받게 됨을 알려 드립니다.

＊ 잘못된 책은 구입하신 서점이나 본사에서 교환해 드립니다.

＊ 정가는 표지에 표시되어 있습니다.